初めてのきもの

ゆかたを縫う

阿部 栄子

呑山 委佐子

〔著〕

金谷 喜子

木野内 清子

青山社

はじめに

　衣服は、人間が健康に生活するために欠かすことができないものであるが、着装する人の人柄や人間性を表現するものでもあり、なおざりにできない。

　日本のきものは、周辺諸国の影響を受けながら、日本人の自然観に根ざした美意識に基づいて、その風土に適した衣服として華々しい発達を遂げるとともに、日本人ならではの文化を形成してきた。しかし、近年、世界的な洋服の普及により、その便利さや機能性に押され、きものを着る機会が大幅に減少し、きものを肌で感じることは難しくなってきている。

　私たちは現在、情報社会の中で、きものに関する情報も、雑誌、テレビ、インターネットなどから手軽に入手することができる。しかし、この日本の優れた被服文化を正しく伝承し、さらに発展させるためには、より多くの機会をとらえてきものを知識として学び、実際に着装体験することが必要と考えられる。

　本書は、著者らの『基礎きもの』（白水社版）をベースに、大学・短期大学の被服構成学および実習のテキストを目的として、初めて和服文化に接する人を対象に著したものである。きもの全般の基礎知識は、「きものの種類」「きものの構成」「きものの模様」などを中心に解説した。製作実習では、実習の基礎事項および基本的なひとえ長着について成人女子・成人男子の木綿・絹・ウール仕立て、また子供用長着とじんべえの作り方を図で理解できるよう解説した。さらに、着装では、ゆかたについて写真により具体的に順を追って説明した。

　これらの内容が日本のきものを少しでも理解する手がかりとなり、きものとの関わりを深める一助となれば幸いである。

令和3年3月

筆者

目　次

Ⅲ　実習 ･･･ 37

I きものの概要

　きものは、長い間、日本人の実用着として活用されてきた歴史を有し、優れた民族衣装として国際的にも評価されている。この美しい生活文化をよりよいものとして次世代へ伝承していく役目が、私たち日本人にはあるのではないだろうか。

　きものは「着物」であり、着るものを意味することから考えれば、すべての衣服を指すことになるが、「キモノ」と表記すれば国際語として和服の代名詞ともなり、独り歩きを始めている。

　現代の小袖形式のきものは、装束の大袖形式に対して、そで口が小さく、そで口下を縫いふさいだものを指すが、室町時代に貴族服飾の下着に用いられた白小袖の表着化、簡略化と、庶民小袖の上級化が起こり一元化され、確立したものである。室町末から桃山、江戸初期の小袖は初期小袖といい、そで幅が狭く、身幅が広く、えり下が短く、そで口、おくみ下がり、えり肩あきが小さく、一様に対たけ（足首まで）である。寛文のころ、反物寸法の改定により、そで幅が広く、身幅が狭く長くなり、たけの長い分を外出時に褄を取ったり、身ごろを抱え帯でたくし上げて結ぶなどをしたのが、おはしょりの発生となり、現在へと伝承されてきたものである。

　上着としての小袖は、絞り、刺しゅう、箔押し、描絵、友禅など日本の繊細で卓越した職人の染織技法が加えられて美しい模様の小袖が発達し、日本人の自然観に根ざした美意識の中で育てられ、発達してきたのである。

　きものは、直線的な平面構成で、形がほぼ定形であるため、素材の布地や、その染織の意匠、デザインの美しさが魅力の大きな要因となり、庶民感覚にはなかった晴れ着と褻着の区別がされてきた。晴れ着は公式の場に着るものであり、若い人の振り袖や紋付きものに代表される。褻着は普段着の意で、改まった場合ではない日常着のことである。「ケにもハレにもただ一つ」という庶民感覚には、このような習慣はなかったものである。

　最近、若い男女に手軽な夏場のゆかたが支持されており、喜ばしい現象ともいえる。

　ここでは、現在まで着継がれているきものの種類と構成、伝統的なきものの模様の構成や種類について述べる。

1 きものと帯の種類

　きものの種類は、長着を基本として、内側に重ねる下着類、長着の上に着る外被類、きものを構成するうえで重要な帯、その他がある。さらに、服種は表1に示したように、性

表1　きものの種類

季節別	大きさ（年令）／性別	種類	長着	下着類	外被類	帯	幅 (cm)	長さ (cm)	袴	その他
あわせ（10～5月）ひとえ（6～9月）綿入れ（寒期）　帯・袴・その他を除く	大裁（本裁）11・12歳～成人用　女子用	普通長着		長じゅばん	羽織	丸　帯	30（布幅68）	約430	女　袴	じんべえ
		紋　付		（そで別-無双・半無双）	（紋付・中羽織・茶羽織 そで無し羽織）	袋　帯	30	430		作務衣
		打ち掛け		別裏そで		昼夜帯（腹合せ帯）	30	430		ホームドレス
		留めそで　黒留めそで　色留めそで		えり別-通しえり　別えり	コート（長・七分・半・雨コート）	名古屋帯	30（胴15～16）	350		
						袋名古屋帯	30	350		
		振りそで		半じゅばん	被布	中幅帯	23	350		
		色無地		肌じゅばん	道中着	半幅帯（小袋帯）	15～16	350		
		訪問着		すそよけ	はんてん	細　帯	14	350		
		付け下げ			（印ばんてん・祭ばんてん おぶいばんてん）	軽装帯（つけ帯）	自由	自由		
		丹　前				ひとえ帯	30	400		
	男子用	普通長着		同上	羽織・コート	角　帯	約9	約400	襠有袴（馬乗袴）	じんべえ
		紋　付			はんてん	兵庫帯	90	400	襠無袴	作務衣
	中裁（四つ身）小裁（2～3歳以下 一つ身・三つ身）　子供用	普通長着		長じゅばん	羽織（そで無し羽織）	中幅帯	26（布幅57）	約400	子供袴	じんべえ
		祝い着		半じゅばん	被布	角　帯	約7	約160		
				肌じゅばん	コート	三　尺	45	250		
					はんてん					

別・年齢・季節・用途等により細分される（図1参照）。

［1］長着

長着は小袖形式の衣服で、ほぼ定形のため、礼服から働き着までの種類分けは、使われる材料・模様付け・しきたり等によって決められる。

（1）紋付

家紋を付けた長着で、礼服として用いられる。家紋以外の紋付もあり、晴れ着やおしゃれ用となる。紋の数は、背紋・両そで紋・両胸の抱き紋の五つ紋が正式で、背とそでの三つ紋、背だけの一つ紋は略式になる。紋は白の染め抜き紋が正式で日向紋（ひなたもん）といい、紋の輪郭を白く染め抜いたものを陰紋という。ほかに刺しゅうの縫い紋・貼付紋・絞り染の鹿の子紋等がある。紋の位置は、背5.5cm、そで7.5cm、抱き紋15cmで、これを紋下がりという。子供物の紋下がりは、中裁の場合、背5cm、そで6.5cm、抱き紋13cmで、小裁は、背4cm、そで5.5cm、抱き紋11cmとなっている。

（2）打ち掛け

主として花嫁の婚礼衣裳に用いられる。間着（あいぎ）（掛下）の上に打ちかけて着て、すそを引く。

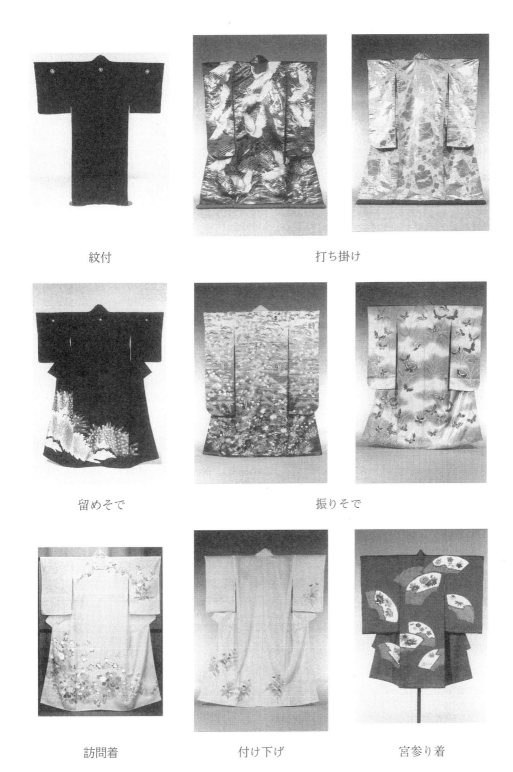

紋付　　　　　　　　　打ち掛け

留めそで　　　　　　　振りそで

訪問着　　　　　　付け下げ　　　　　　宮参り着

図1　各種のきもの（大妻女子大学所蔵）

白無垢の打ち掛けは、白綸子<ruby>白綸子<rt>しろりんず</rt></ruby>を用いて掛下二枚襲<ruby>襲<rt>かさね</rt></ruby>・掛下帯・下着等、すべてをそろえるが、この姿の場合だけ綿帽子が使える。ほかの表地は、綸子縮緬地<ruby>縮緬<rt>ちりめん</rt></ruby>に染・刺しゅう・箔などで吉祥模様を施したもの、唐織<ruby>唐織<rt>からおり</rt></ruby>・錦・金・銀襴<ruby>銀襴<rt>ぎんらん</rt></ruby>等の豪華な織物。裏地は、紅羽二重<ruby>羽二重<rt>はぶたえ</rt></ruby>・縮緬等で通し裏にする。形は大振りそでで、身たけを長く、すそのふき（袘）を大きく6cmほどにして、全体に大振りに仕立てる。

江戸時代までの武家女子の、夏以外の礼服姿が伝承されたものである。

（3）留めそで

既婚婦人の第一礼装で、地色が黒の黒留めそでと黒以外の色留めそでがある。上着は縮緬に染め抜き五つ紋、絵羽<ruby>絵羽<rt>えば</rt></ruby>のすそ模様で共ずそ、上着の下に重ねて着る下着は白羽二重であるが、現在は比翼仕立てが一般的である。色留めそででは、紋生地・三つ紋・繍紋等を用いるなど、略式にして用途を広く派手やかにすることもある。

留めそでは、元来、振りのない付け詰めそでを指して言ったもので、江戸時代、着装やその他の理由で振りが生じてもなお、留めそでの名が残り、礼服の別名となった。また、すそ模様が、江戸時代、江戸の地で生まれた褄模様、すなわち江戸褄模様であることから、留めそでを江戸褄とも呼ぶ。小袖の模様（p.8 図5）を参照。

（4）振りそで

未婚婦人の第一礼装で、花嫁衣装にも用いる。そでたけは、大振りそで110 〜 120cm、中振りそで90 〜 100cm、小振りそで80cm内外ほどである。材料・色・模様・紋・下着の有無は自由である。各種のそで（p.7 図4）を参照。

（5）色無地

略礼装服であり、黒以外の一色染めにしたもので、慶弔両用。紋付にすれば礼服としての形が整う。

（6）訪問着

略礼服・パーティ・その他の社交用の、絵羽模様の長着。模様付けは、白生地を裁ち、きものの形に仮縫い（仮絵羽）して下絵を描いた後、仮縫いをほどいて染色する。最近は、付け下げに染めた、付け下げ訪問着もある。訪問着は、留めそでよりも広範囲に着られるものとして大正初期に考案された。

（7）付け下げ

準略礼服にもなるが、主として社交用。付け下げは着たときに模様がすべて上向きになるのが特徴で、模様付けは反物のまま行う。あらかじめ、そで・身ごろ・えり等の位置を決めておき、それぞれの山に向かって模様を置く。主に型染めで絵羽模様にも染められる。その作業が能率的で価格が比較的低いので、需要が多い。

（8）祝い着

通過儀礼の際に着る礼服で、現在は、お宮参り、七五三、還暦等に祝い着がみられる。宮参りは、生後、男児は31日、女児は33日に行われ、一つ身の二枚襲を掛け着にして祝う。

七五三とは、3歳髪置き、5歳袴着（男児）、7歳ひも解き（帯解き）の祝いで、女児は二枚襲の祝い着に帯、男児は紋付羽織袴を用い、3歳では長着と被布のセットもみられる。還暦そのほかの歳祝いには、赤のそで無し羽織、大黒頭巾を祝い着としている。

［2］帯

帯は、身に帯びるもの「おぶ」から来たともされ、結びたらすので「たらし」とも言われた。以下の各種の帯（図2）がある。

丸帯は礼装用の最上の帯とされてきたが、重く結びにくいので近年は利用が少ない。

袋帯は丸帯に代わり、礼装用、おしゃれ用に幅広く用いられている。帯の一般的な模様づけは、総柄の全通や胴回り1巻分だけの六通、ポイント柄がある。

袋名古屋帯は、でき上がり帯幅に織り上げたもので、八寸・かがり名古屋とも言われ、需要が多い。

半幅帯・細帯は、幅が狭く締めやすいので、普段用、羽織下、ゆかたに気軽に用いられている。

角帯・兵児帯は、男子用の帯。角帯は丸帯も袋帯もあり、正礼装から普段用まである。兵児帯は仕立てていない布帯で、しごいて使う。

三尺帯は、布帯で、男児・女児に広く用いられている。

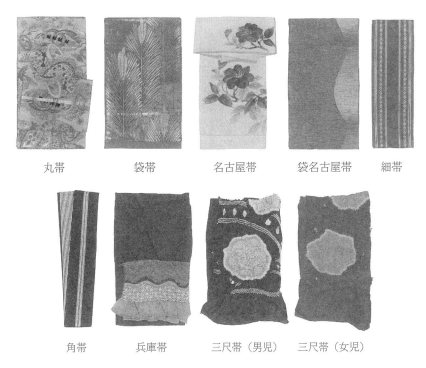

丸帯　　　袋帯　　　名古屋帯　　袋名古屋帯　　細帯

角帯　　　兵庫帯　　三尺帯（男児）　三尺帯（女児）

図2　各種の帯（大妻女子大学所蔵）

2 きものの構成

　和服は、例外はあるが、1反の布を必要枚数に裁ち分け、各布を接ぎ合わせて構成する。1反には着尺と羽尺があり、着尺は長着用、羽尺は羽織やコート等に用いる。

　着尺1反は、標準として並幅36cm、総たけ1140〜1200cmを指し、これを3丈ものという。振りそで、留そでを作るには3丈では不足で、4丈もの、総たけ1520cmを用いる。羽尺は並幅10m内外を言う。これらの尺寸法は、和服で用いる鯨尺の1尺、約38cmを基準にしている。

　また、和服地には、疋物という、1反の2倍の反物がある。これは、長着と羽織をアンサンブルで作る場合の単位になっており、これを1疋と数える。

　長着の構成は、そで2枚、身ごろ2枚、おくみ2枚、えり・かけえり各1枚、計8枚が必要であり、そでは上肢に、身ごろとおくみは体幹と下肢に対応する。おくみは、前をダブルに打ち合わせるための幅の不足に用いる。えりとかけえりは、頸部と胸部に対応する。そでとえりの形は、用途・習慣等によって使い分けられる（図3・4）。

　長着以外の服種の構成は、長着を基本にして考えることができる。ほかに、帯・袴等がある。

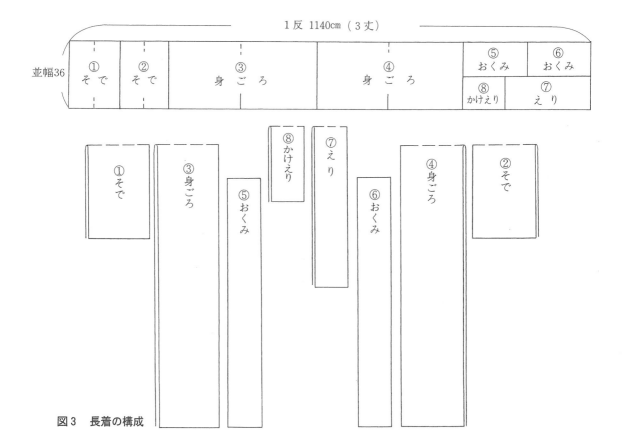

図3　長着の構成

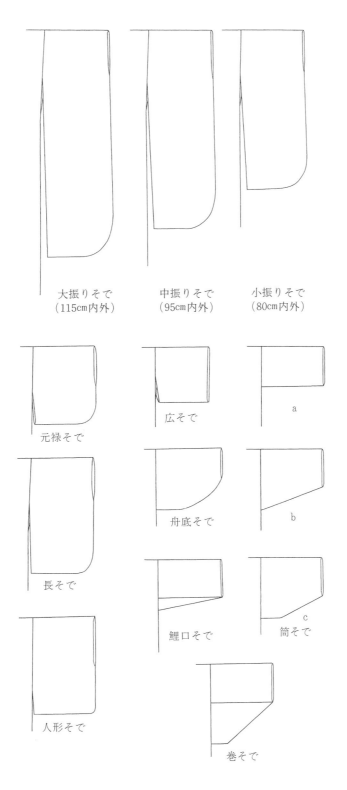

大振りそで
（115cm内外）

中振りそで
（95cm内外）

小振りそで
（80cm内外）

元禄そで

広そで

a

長そで

舟底そで

b

人形そで

鯉口そで

筒そで

c

巻そで

図4　各種のそで

3 きものの模様

　模様構成は、伝統的に肩すそ・段・片身替わり・そで替わり・地無し・総模様などがある。肩すそは、肩とすそを締切線で仕切って模様を置いてあるもの。段は横段を変えた大胆なデザイン、そで替わりはそでと身ごろを同様に替えたもの。総模様は全体的に模様を置いたもので、次第に絵模様になっていく。江戸前期からみられた寛文模様は小袖の右半身に弧を描くように模様を配し、左半身は無地にしてバランスを取り、模様は縫い目にまたがる絵羽模様で構成されている。

　江戸中期以降は、帯幅が広くなることから、帯を酒井に上下に分かれた上下模様、腰以下の模様づけで、多くは紋付の半模様・腰模様、それより模様の下がったすそ模様、褄部分に模様を付けた褄模様・江戸褄、すそから肩にかけて樹木を配した立木模様などバラエティに富んでいる。

　明治時代には、模様が小さく地味にはなったが、模様構成はほぼ同じで、それ以降、現代まで江戸時代の域を出ていないと言える。このことは、長期にわたる江戸期小袖時代に非常に優れたデザインが創り出されたことを意味しており、江戸時代の「ひいながた（雛形）」はいまもなお、小袖のデザインブックとして貴重視されている（図5）。

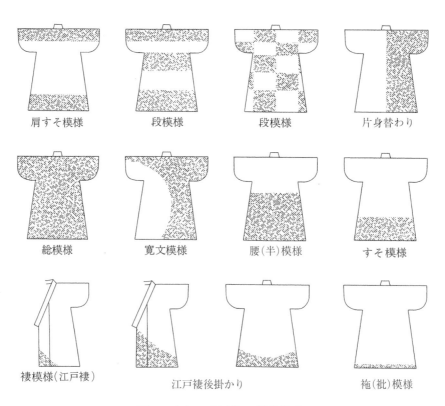

肩すそ模様　　段模様　　段模様　　片身替わり

総模様　　寛文模様　　腰（半）模様　　すそ模様

褄模様（江戸褄）　　江戸褄後掛かり　　裾（祂）模様

図5　きもの（小袖）の模様構成

●模様のいろいろ

　きものの模様のモチーフは、森羅万象、あらゆるものがその対象となっている。その中でも、四季の植物が多く、梅・菊・蘭・竹を配した四君子、松竹梅等の吉祥模様、花鳥などもあり、そのほか、動物・風景・天然現象・器物等さまざまである。江戸中期以降は、伝説・諺・詩歌・物語・年中行事・名所・判じものなどを表現する絵模様が加わり、遊びごころがみられ、モチーフの組み合わせも複雑になってきた。例を図示する（図6-1・6-2）。

麻の葉	網目	荒磯	市松（霰）
鱗	お召し十字絣	籠目	唐草
観世水	亀甲に花菱	源氏香	源氏車
小桜ちらし	鮫小紋	紗綾形	七宝

図6-1　模様のいろいろ

十字絣	青海波	千筋	楓文
菊立枠	熨斗	桧垣	弁慶格子
松皮菱	貉菊	木目	矢羽根
井桁文	雪輪に笹	両子持縞	三筋格子
芝翫縞	菊五郎格子	鎌輪ぬ	高麗格子

図6-2　模様のいろいろ

Ⅱ 基礎

きものを着やすく美しく仕立てるためには、用具・材料・裁縫等の基礎を踏まえて行うのが望ましく、大切なことである。

1 和裁用具（図1）

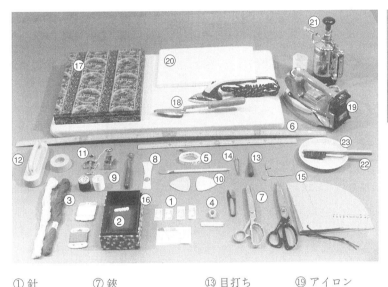

① 針	⑦ 鋏	⑬ 目打ち	⑲ アイロン
② 針刺し	⑧ へら	⑭ 毛抜き	⑳ アイロン台・こて台
③ 糸	⑨ ルレット	⑮ そで丸み型	㉑ 霧吹き
④ 指貫	⑩ チャコ	⑯ 裁縫箱	㉒ 刷毛
⑤ メジャー	⑪ くけ台と掛け針器	⑰ へら台	㉓ 刷毛皿
⑥ 物差し	⑫ 裁鎮	⑱ こて	㉔ ミシン

㉕ ロックミシン

図1　和裁用具

①針

　和裁で用いる針には、縫い針・くけ針・待ち針などの種類があるが、表1に示すように、針の太さは布地によっておおむね定められ、長さは縫い方の種類によって選ぶ。

　待ち針は玉つきと札つきとがあるが、和裁用には主として札つき待ち針が用いられる。

　縫い針の長さの選び方（短針の場合）は、図2のように拇指と食指で針を持ち、指貫に針を当てて、自然に伸ばした拇指の先から針先が0.3〜0.4cm出るものを選ぶ。

表1　針の種類

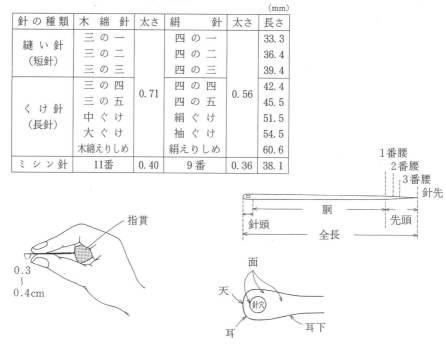

| | | | | | | (mm) |
針 の 種 類	木　綿　針	太さ	絹　　　　　針	太さ	長さ
縫 い 針 （短針）	三 の 一 三 の 二 三 の 三		四 の 一 四 の 二 四 の 三		33.3 36.4 39.4
く け 針 （長針）	三 の 四 三 の 五 中 ぐ け 大 ぐ け 木綿えりしめ	0.71	四 の 四 四 の 五 絹 ぐ け 袖 ぐ け 絹えりしめ	0.56	42.4 45.5 51.5 54.5 60.6
ミ シ ン 針	11番	0.40	9番	0.36	38.1

図2　針の長さ・構造

②針刺し

　針刺しの種類は多いが、表の布を毛織物にして、中身に毛糸を用いると針の通りがよく、さびなくてよい。大きさは長針を目安にして、7cm角で厚み2cmほどのものが使いやすい。

③糸

　縫い糸には、手縫い用とミシン用とがあるが、ミシン糸も手縫いに用いる場合がある。しつけ糸は飾り、押さえ兼用の糸と、しるしや押さえ用に使用する白もある。糸の素材は、木綿・絹・化繊などがあり、布地に合わせて選ぶ。最近は、ミシン縫いの場合、化繊糸が用いられることが多く、化繊地以外にも使われることもある。

④指貫

　皮・プラスチック・皮にプラスチックを貼ったもの・金属製などが市販されているが、平面状の皮を中指の指周り寸法に合わせて、図3のように作るとよい。また、皮の裏面を外側にすると、針も滑らず糸も傷まない。

図3　指貫　　　　　指周り

⑤メジャー

　被服製作のための採寸に用いるので、当たりの柔らかい布製のものが一般的に使われている。ただし、使い古されたものは正確な寸法が得られなくなるので注意する。ほかにスチール製のものもある。

⑥物差し

　素材は竹・金属・プラスチックなどがあり、和裁には布を傷めず、扱いやすい竹製のものが主として用いられている。竹製の物差しはまっすぐで節の少ない、薄いものを選ぶとよい。長さ50cmと100cmのもの2種類を用意すると便利である。ほかに10cm・20cm・30cm・40cmがある。

⑦ 鋏
　　はさみ

　裁ち鋏・にぎり鋏（糸切り鋏）・ピンキング鋏などがある。裁ち鋏は裁断用に、にぎり鋏は糸切り用に、ピンキング鋏は縫い代の始末などに使用する。裁ち鋏は全長25～27cmぐらいが使いやすく、刃のかみ合わせのよいものを選び、ピンキング鋏も裁ち鋏に準じる。糸切り鋏は長さ13cmぐらいで刃のかみ合わせがよく、先端がやや丸みを帯びたものがよい。

⑧へら

　素材には骨・角・プラスチックなどがあり、しるしつけに用いる。長さ13cm内外のもの
　　　　つの
が握りやすく、握るところは厚みがあり、へら先は薄く滑らかなものがよい。薄すぎると布を切りやすく、厚すぎるとしるしが付きにくい。

⑨ルレット

　ウールやそのほかの布のしるしつけに用いる。使用部分が金属製であるため、刃先の整ったものを選ぶ。

⑩チャコ

　平三角形・棒状・鉛筆状などの形状がある。主にしるしの付きにくいウール地、化繊などに用い、しるしを正確に付けるためには、使用部分を削って使う。

⑪くけ台と掛け針器

　金属製のものが多く、くけ台と掛け針器をセットにして用いる。くけ台は作業台に固定し、掛け針器を付けて引っ張るので、留めねじ部分のしっかりしているものを選ぶ。また、掛け針は布をはさんで引っ張り、待ち針を打つ・くける・しつけをかける・折りぐせを付

けるなどに使用するので、安定性のあるものを選ぶ。

⑫裁鎮

鋳物製で、重さは400～500gぐらいまでのものがある。くけ台・掛け針器と同じように用いるが、重しとしても用いる。布で包んで用いると、きもの生地を傷めなくてよい。

⑬目打ち

使用部分が先のとがった円錐状のもので、金属で作られている。帯などの角（かど）を直角に出したり、布に穴をあけたりするときに用いるので、先のよくとがっているものを選ぶ。

⑭毛抜き

金属製で、切りじつけなどの糸を抜くのに用いる。かみ合わせがよく、弾力性のあるものが望ましい。小さすぎると使いにくいので、7cmぐらいがよい。

⑮そで丸み型

金属製・紙製などがあるが、金属製は小さい丸み型、紙製は2～15cmぐらいまでの種類が市販されている。丸み型は、そでの丸みを能率的に美しく仕上げるために丸み部分が滑らかで整ったものを選ぶ。手製の場合は、図4のように、厚紙に1/4円を描き、丸みに沿って切り落とす。

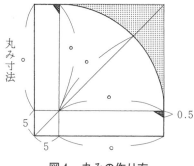

図4　丸みの作り方

⑯裁縫箱（針箱）

プラスチック製・紙製・木製のものがある。大きさは必要な道具が入る程度で、きちんと収納できるものを選ぶ。

⑰へら台（裁ち台）

木製で裁ち台兼用のへら台と紙製で折りたたみ式のもの、紙に布張りをしたものなどがある。折りたたみ式のものは紙製より布張りのものが丈夫で、へらじるしが付きやすい。

⑱こて

自動温度調節つき差し込み式（2～6本差し）、コードつき電気ごてなどがある。こては主に折りぐせを付けたり、小じわを消したりする場合い用いるが、こて先は焼きべらとしても適しているので、絹布類のしるしつけにも使用される。

⑲アイロン

自動アイロンとスチームアイロンがあり、1000W内外が扱いやすい。また、和裁に便利なこて式の小型アイロンもある。スチームアイロンは地直しにも用いるが、使用後は必ず水を切っておく。

⑳アイロン台・こて台

足付き・板状・パット状などがあり、大きさは大小さまざまであるが、アイロン用には70×45cm、こて用には30×20cmぐらいのものが使いやすい。使用面が平らで適当な硬さのあるものを選ぶ。

㉑霧吹き

金属製・プラスチック製で、ポンプ式・スプレー式などがあり、地直し・仕上げなどに用いる。使用後は十分に水を切っておく。

㉒刷毛（はけ）

刷毛には、水刷毛・仕上げ用・ミシンの手入れ用ブラシなどがある。水刷毛には、毛製・化繊製などがあり、ウール地のように弾力のある素材の折りぐせや、縫い代の始末などに用いる。

㉓刷毛皿

水刷毛用で、金属製とプラスチック製があり、刷毛に水分が平均してつくように浅くて平らなものがよい。

㉔ミシン

ゆかた・ウール地・コート地、その他の縫製に用いられる。家庭用および工業用ミシンがある。

㉕ロックミシン

各種縫い代の始末として、ほつれ止めに用いられる。

㉖当て布

アイロンやこてをかけるときに用いる布。アイロンを直接当てると光るものや、絹・化繊に使う。当て布は、白平絹や糊気を抜いた白木綿が用いられる。

㉗検針器

完成品の中に針があると危険なので、その有無を調べるための機器。針があれば警報音を発する。

㉘ボディ・T字棒

標本展示のほか、あわせの表裏の釣り合いや柄合わせ、えりつけ（ボディ）の際などに用いることもある。

2 裁つ前の準備

［1］布調べ

反物を明るい場所で端から端まで丹念に調べて、織りきず・染めむら・しみなどの有無を調べる。きずがあったら、新しい反物と交換してもらうのが賢明であるが、やむを得ない場合は、表面からきずのところに目立つように縫いじるしをして、きずが隠れる場所にもっていく。隠れる場所は、長着では帯下・おはしょりの下側・かけえりの下・わき縫い込みの中であるが、仕立て直しをしない場合は、下前身ごろ・下前おくみなどに入れる。

［2］地直し

地直しは、仕立て上がり後、型くずれや着くずれが生じないように、織工程中の無理な張力や布目のゆがみ、耳つれを直し、地詰めをすることを言う。

（1）繊維別アイロンの温度

木綿	} 180～200℃	レーヨン		
麻		ナイロン	} 120～140℃	
羊毛	140～150℃	アセテート		
絹	} 130～140℃	アクリル	110～120℃	
ポリエステル				

（2）布の整理

反物は普通、表を外側に巻いてあるが、表地の表裏が判別しにくい場合は、地直しに取り掛かる前に1mぐらいの間隔で、木綿しつけ糸で糸じるしをしておくとよい。

①布目の曲がりを正す

布目が斜行したり、弓形になったりしている場合は、図5のように布目の曲がり方と逆の方向へ斜めに引っ張り、次に布目を正しながら横に引っ張る。絹やウールなど布地によって、手で直せないときは、裏からアイロンで同様に行う。

②耳つれを伸ばす

　耳端を指先で引き伸ばす。伸ばしにくいものは、図6のように布の裏からこてまたはアイロンを耳端に当てて、右手でしっかり押さえ、左手で耳を引っ張り上げながら耳端を伸ばす。さらに、耳つれのひどいものは、耳端に5～10cm間隔に斜めに浅く切り込みを入れて同様に行う。この場合、切り込みを入れすぎて布を裂かないように注意する。

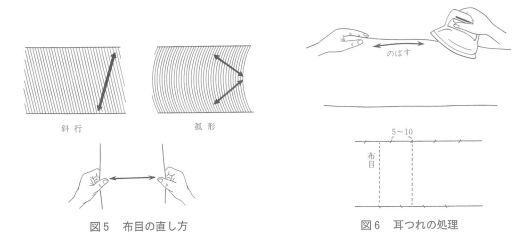

図5　布目の直し方　　　　　　　図6　耳つれの処理

③地のし

　縦方向全体にアイロンをかける。熱によって変化するものもあるので、全体に平均に熱を与えて巻き棒に巻く。黒地のように、こて光りのするものは当て布をする。

④地詰め

　収縮しやすいものは、アイロンで地詰めをする必要がある。布によっては、スチームアイロンまたは裏から霧を吹き、さらに全体に湿り気が行き渡るようにビニールで包み、1時間ほど放置してからアイロンをかけて十分地詰めをする。

⑤湯通し

　湯通しは、糊気の強いものや布幅の不足しているものなどを、ぬるま湯に入れて糊気を振り出し、脱水後、伸子を張って乾燥し、その後スチームアイロンで布目や幅を整える。湯通しは、専門家に任せたほうが安全である。

⑥湯のし

　湯のし釜で蒸気を立て、布の整理や幅出しを行うが、普通は専門家に依頼する。

（3）布地に適した地直し

①木綿

　布の裏から十分に霧を吹いて湿り気を与え、巻き棒に巻いてしばらくおき、布目を正しながら裏からアイロンをかける。また、スチームアイロンを用いたり、水に浸漬して地

詰めをすることもある。なお、サンフォライズ加工や樹脂加工されたものは、地詰めの必要がないので布目を正す程度でよい。

縮・絞り類は切りを全体にかけて、幅・たけを整えながら巻き棒に巻いて1時間程度おき、竿などにかけて陰干しする。

②麻

布の裏から霧を吹き、布目を正しく整えながら巻き棒に巻く。陰干しにして生乾きの間に、アイロンでしわを伸ばす。

③ウール

布の裏側から霧を吹いて巻き棒に巻き、全体に湿り気を行き渡らせる。耳がつれている場合は、まず耳を伸ばす。横の布目をまっすぐに整えながら縦方向にアイロンをかけ、地詰めと布目を正す。

④絹

絹ものは霧を吹くとしみになることがあるので、アイロンだけで丁寧に地直しをする。お召しは同様にするが、特に糊気の強いものは湯通しをしたほうがよい。耳がつれていることが多いので、耳を伸ばす。全体に布目を正ながら、裏からアイロンをかける。また、紬もお召しと同様に糊気が強いものは湯通しをしないと、布の柔らかい風合いと光沢が出ない。これらの湯通しは専門家に頼んだほうがよい。

⑤化繊

温度に注意して、全体に裏からアイロンをかける。当て布の必要なものは当て布をし、140度以下でアイロンをかけること。こて光りなど好ましくない光沢を生じるものもあるので、布の風合いを損なうことのないように注意する。

⑥交織

品質表示による繊維のうち、熱に弱い方の温度で化繊に準じ、アイロンで地直しする。

［3］総たけを計る

用布の総たけを計り、用布に応じた裁ち方の工夫をする。

計り方には、次の2種類がある。

①持ち差し

50cm～1mの物差しを持って、布の耳に沿って計る。右手で物差しの端と反物の端をそろえて持ち、左手で反物の耳端を物差しにそろえて計り、物差しを持ち替えて繰り返し回数を数えて計る。

②置き差し

初心者の場合は、置き差しという方法がやりやすい。1mの物差しを裁ち台に置き、反物の耳端を両手で持ち、物差しの長さに合わせて回数を数えながら計る。なお、織り出し・染め出しの使用できない部分は除いて計る。

［4］見積りをする

　必要たけを計算して、総たけとの差を見る。実際には、折りたたんで見積りをし、柄合わせなどに要するむだ布がどのくらい出るかを確認する。

3 柄合わせ裁ち

［1］裁ち方についての注意
①総たけを計る。
②必要たけを計算し、布の過不足を確かめる。
③柄の状態を見る。
④寸法を正確に計り、布目を通して裁ち切る。

［2］柄合わせ
　和服は形が一定なので、柄合わせの良し悪しはでき上がりの美醜に影響する。そこで、着用者の体格・顔立ち・好みなどに合わせて着映えのするように配慮して、柄の位置を決める必要がある。

　和服地には、小紋・友禅・ゆかたなどの染め模様と、縞・格子・絣などの織り模様があり、一定の間隔で同じ模様が繰り返し染織されているので、柄の傾向を見る。なお、付け下げの場合は、染色時に各布の構成が決まっているので、柄と耳端の墨入れを確かめて裁断する。

　まず、柄合わせに当たっては、以下のことに留意する。
①1単位の模様がどれだけかを見定める。
②模様の向き（上向き・下向き・一方向き）に注意する。
③きものは、着た場合に、おはしょりや帯の下になって柄が隠れる場所と、目立つ場所があることを理解する（図7）。
④柄によって、裁ち方を決める。無地・細かい縞もの・小紋柄などは、柄合わせの必要がない。絣のような割り付け柄や、間隔の近い単純な柄の場合は、二枚重ね裁ちにするとよい。大柄飛び模様・一方向きの柄・片側染め分け柄の場合は、追い裁ちにするのが望ましい。模様の具合によって片側のそでを先に裁つなど工夫し、順序は多少前後してもよい。なお、柄合わせは、各縫い目で柄がくずれないよう縫い代分を考慮しなければならない。また、柄合わせを間違えないようにするために、合いじるしを付ける。しるしは各々の布の模様の合わせ口（合口）の前肩山・前そで山・おくみつけ・背縫い・上前かけえり位置に糸じるしを付けておく（図8）。

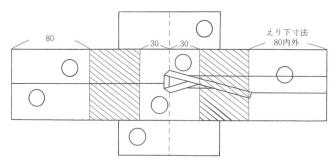

図7　模様の目立つ場所（○）と隠れる場所（▨）

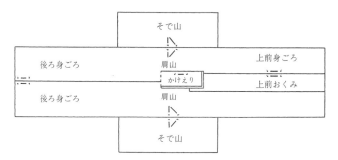

図8　柄合わせ裁ちの合いじるし

（1）二枚重ね裁ち（図9）

①柄合わせ

　反物を二つに折って両端を並べ、背で一番目立つ模様や色目のものが交互に、または横段などはそろえるなどして、感じよく合わせて裁ち切り身たけを計り、肩山は模様と模様の中間、または模様の中央に決め、わきでも模様が合うようにする。

②身ごろ・そで

　2枚外表に重ねて裁ち切り身たけで折り返し、続いて裁ち切りそでたけを計り、そで山は肩山の模様に合わせて折り返し、おくみたけが足りることを確認して身ごろとそでを裁つ。

③おくみ

　おくみとえり布を上前身ごろに耳端から5〜6cm重ねて、おくみつけの模様を合わせる。残り布を片側にずらし、裁ち切りおくみたけの2倍で裁つ。次におくみとえり布を裁ち離す。

④えり・かけえり

　おくみと裁ち分けたえり布から、かけえりを上前身ごろの胸の模様に合わせて裁つ。

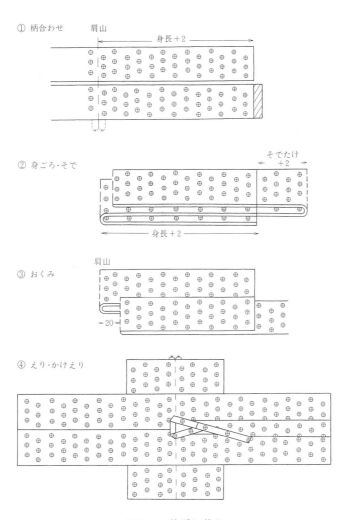

① 柄合わせ　肩山　　身長＋2

② 身ごろ・そで　　そでたけ＋2　　身長＋2

③ おくみ　　肩山　　~20

④ えり・かけえり

図9　二枚重ね裁ち

（2）追い裁ち（図10）

①上前身ごろ

　1単位の模様（中型の1型は約1m、小紋などは20～60cm間隔）を確認し、上前身ごろから裁つが、ひざや胸の模様の位置取りを考えて、裁ち切り身たけの2倍を裁つ。

②上前おくみ

　①の上前身ごろに合わせて反物の布幅を二つ折りにして、おくみの模様を合わせるが、模様に上下の向きのあるものは上向きになるように合わせる。この場合、残り布があれば多少のむだ布を出したり、反対側の布端から合わせたりするといった工夫をして裁ち切りおくみたけの2倍を裁つ。

③右後ろ身ごろ

　①の後ろ身ごろに合わせて右後ろ身ごろの模様が、ヒップ・肩等の目立つ場所で交互

になるようにして、裁ち切り身たけの2倍、①と同寸を裁つ。

④そで

　両そでを、身ごろのそでつけ側に合わせて模様が交互になるようにして裁つ。この場合、左は前そでに、右は後ろそでに主な模様を置く。

⑤かけえり

　かけえりを上前身ごろの胸の模様に合わせて、45cmの2倍で裁つ。

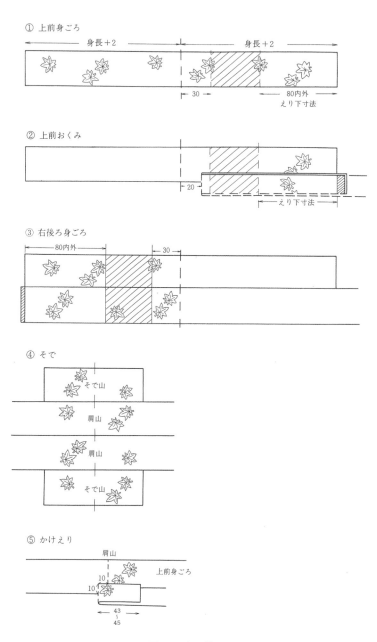

図10　追い裁ち

（3）柄合わせの例（図11－1・11－2・11－3）

①段模様－ⓐ段をそろえる　ⓑ段をずらす　ⓒ半段ずらす

②斜め模様－ⓐ斜めを一方向に　ⓑ背で谷形　ⓒ背で山形

③畝模様－ⓐうねりをそろえる　ⓑうねりを逆に

④一方向きの模様－ⓐ向きを交互に　ⓑ向きをそろえる

⑤縦縞模様－ⓐ追いかけに　ⓑ相対に

⑥立枠模様－立枠をそろえる

⑦市松模様－市松に合わせる

① 段 模 様

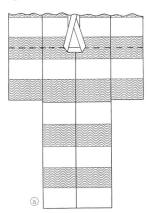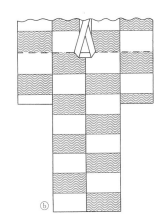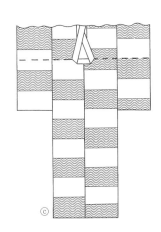

② 斜め模様

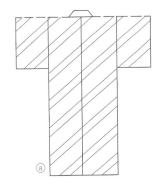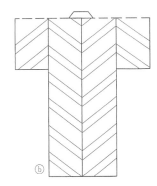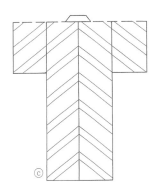

図11－1　柄合わせの例

③　畝　模　様

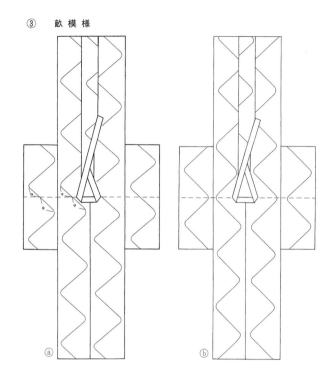

④　一方向きの模様

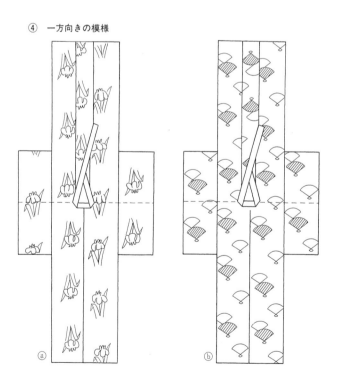

図11－2　柄合わせの例

⑤　縦縞模様

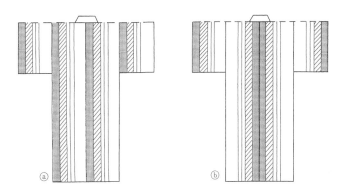

⑥　立枠模様

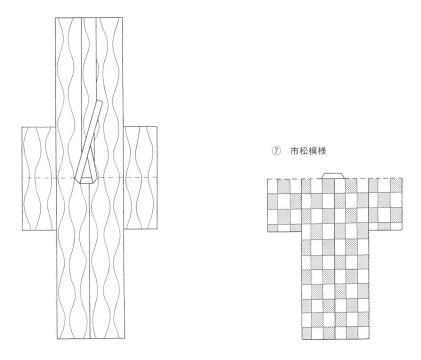

⑦　市松模様

図11－3　柄合わせの例

4 しるしつけ

［1］しるしつけの一般的注意

しるしつけは効率よくきちんと仕立てを行うために、寸法を正確にはっきりとわかりやすくしるす必要がある。それには、布の山を左に、すそ口が右になるように正しく置いてしるす。しるしつけは、布を2枚、4枚と重ねてしるすので、ヘラ台の縁にまっすぐに下から順に正しくそろえて重ね、布がずれたりたるんだりしないように待ち針で押さえ、一旦、布地を置いたら、しるしつけが終わるまで動かさないように注意する。

きせは表から見て、縫い目線をまっすぐに整えるためにかけるものである。きせは多くかけすぎると、美しく見えても、着ている間にはだかり、かえって着くずれのもとになるので、通常、0.2cm弱の細かいきせをかけるが、材料により場所によって加減する。しるしつけには、このきせ代を加えてしるしを付ける。

物差しを正しく使い、目盛りを見違えたりしないように、物差しを定規のようにしっかり押さえてしるしを付ける。

しるしつけのしるしは、小さく1〜1.5cmで、斜線・曲線は間隔を狭くしるす。直線部分は15cmぐらいの間隔でしるし、丸みや裁ち切り線などは通しべらにする。

しるしの形は場所により異なるが、縫い代の外側にしるし、表に出ないように注意しながら、要所要所に下記のようにしるす。

　　　　― わき　背　おくみつけ　そで口下
　　　　｜ すそ　そで下
　　　　⊥ そで口　そで下
　　　　⊤ そでつけ　おくみ下がり
　　　　＋ すそ口　そで下
　　　　⇐ 袖山　肩山　えり山

［2］しるしの付け方

布地を損傷しないように、しかもはっきりしるすために、地質に合わせて用具を用いる。

（1）角べら

図12 −①のように、へらを握ってまっすぐに立て、物差しにぴったり当てて、しっかり押さえつける。綿・化繊・紬などに用いるが、布地によっては強くこすると布切れを生じさせることがあるので注意する。

（2）こてべら（焼きべら）

図12 −②のように、先が丸くて薄いこてを使い、物差しに当てて押すようにしてしるす。縮緬・綸子などの絹布類に用いるが、熱しすぎていないか残り布で試してから用いるようにする。

（3）チャコ

ウールのようにしるしの付きにくいものに用いる。チャコの端を薄く削ってしるす。

（4）切りじつけ

しるしの付きにくいウール・化繊などに用いる。白も2本糸でしつけをしたあと、大針を鋏で切り、上の1枚を少し開いて糸をゆるめ、布と布の間で切り離すと両方に糸じるしができる（図12 −③）。

（5）縫いじるし

柄や材質によりしるしが見えにくい場合に、へらじるしの上を木綿のしつけ糸で3〜4針縫ってしるしておく（図12 −④）。

（6）玉留めじるし

しるしが見えにくい、または取れやすい布の場合などに、簡単に糸でしるす方法で、白もを通した針を数枚の布に一度に通し、布を1枚ずつ離しながら糸をゆるめては切り、玉留めをする、という方法を繰り返してしるしにする（図12 −⑤）。

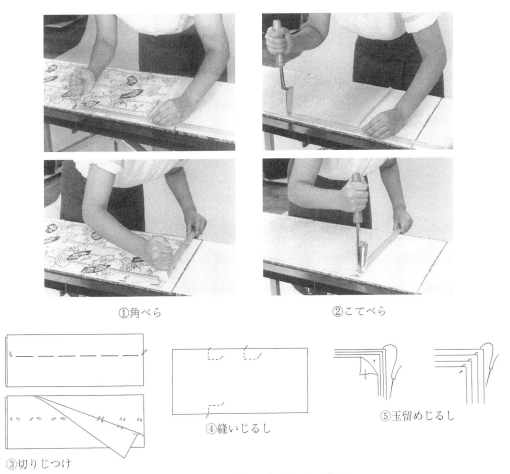

①角べら　　　　　　　　　　②こてべら

③切りじつけ　　　　④縫いじるし　　　　⑤玉留めじるし

図12　しるしのつけ方

5 運針

　運針は、各布の縫い合わせに必要な基本技術である。運針の上手下手は、作業能率や衣服の仕立て映えに影響するので、練習する必要がある。ここでは、短針使いについて説明する。

［1］用布
　晒木綿1mを、幅二つ折りにして使用する。慣れるに従い、新モス・天竺木綿・帯芯地等も使用することがある。

［2］針と糸
　針は、図13 –①のように、自分の指の長さに合ったものを選び、利き手中指の第一関節と第二関節の中央に指貫をはめて、針の天を指貫に当てて持つ。針の太さは、布地に合わせて決める。
　糸は、普通、赤の絹小町を用い、初めは長さ20cm ぐらいで練習し、手が動くようになったら110cm ほどを使う。

［3］布の持ち方
　まず、図13 –②のように二つ折りにした布を輪または耳端から1cm 入ったところで、布端から2 ～ 3針縫い付け、右手の拇指と食指で布を持ち、針の天が指貫に当たるようにして、残りの指で布を握る。左手は10 ～ 15cm ほど離し、右手に準じて布を持ち、左右の拇指を同一線上にして、布をぴーんと張る。

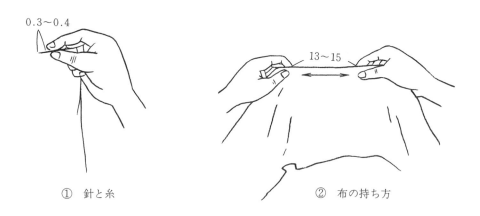

① 針と糸　　　　　　　　　　　② 布の持ち方

図13　針と糸・布の持ち方

[4] 方法

　右手の拇指で針先を布の向こうに押すと同時に、左手は逆に押し上げる。次に、右手の食指で針を押し上げると同時に、左手を逆に引き下げる。この動作を連続させて左手際まで縫い、針先を左手で押さえ、右手で一気に糸をしごく。これを繰り返して布の終わりまで縫う（図14－1）。

　なお、針目は木綿が0.4〜0.5cm、絹布は0.2〜0.3cmがよい。また、糸こき不足は、縫いつれ（シームパッカリング）に影響するので十分に行う（図14－2）。

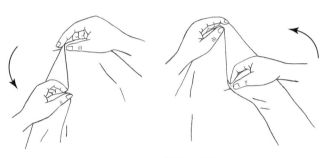

図14－1　運針の方法

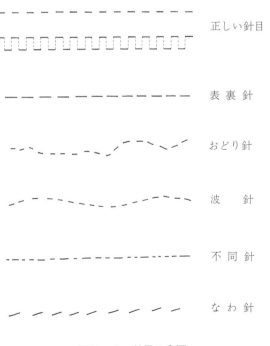

正しい針目

表　裏　針

おどり針

波　　　針

不　同　針

な　わ　針

図14－2　針目の良否

6 基礎縫い

［1］結び方
（1）留め結び

糸端を持って食指に一巻きし、拇指との間で2〜3回よって、食指先から巻き付けた糸を外しながら、中指先で押さえて引き締める。縫い始めの糸の留めに用いる（図15 －①）。

（2）こま結び

糸の端を2回結び合わせる方法で、各種の留めに用いる（図15 －②）。

（3）機<ruby>結び<rt>はた</rt></ruby>

左食指と拇指先で、aの糸先を持ち、右手でbのつなぐ方の糸端を持って、aの下から交差させ、左食指と拇指先で押さえる。bの糸を左拇指の上から回して小さな輪を作り、bの糸端の下とaの糸先の上を通してaの糸先をその輪の中に入れて押さえ、bの糸を静かに引き締めて結ぶ。しつけ・耳ぐけ・とじ方などの途中で糸をつなぐときに用いる（図15 －③）。

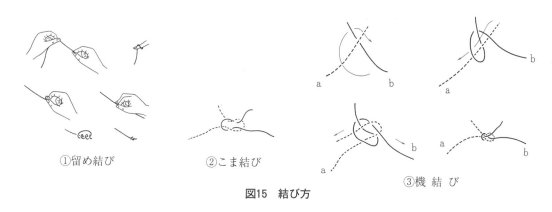

①留め結び　　②こま結び　　③機 結 び

図15　結び方

［2］留め方
（1）打ち留め

縫い終わりに針を当てて左指先で押さえ、針先に糸を2〜3回巻き付けて左拇指で押さえ、針を引き抜くと玉ができる。縫い終わり、しつけの終わりなどの留めに用いる（図16－1①）。

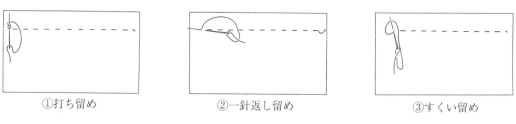

①打ち留め　　②一針返し留め　　③すくい留め

図16－1　留め方

（2）一針返し留め

縫い始めの留めは、糸先に留め結びをしておき、1針小さくすくって糸を引き締め、1針返して縫い進める。縫い終わりは小さく1針返し、打ち留めをする（図16 − 1②）。

（3）すくい留め

縫い終わりで1針小さく斜めにすくい、その針先に糸をかけて針を抜き、糸を引き締めておく。そで口・そでつけ・身八つ口止まりなど、しっかり留めたいところに用いる。縫い始めの留めにも用いる（図16 − 1③）。

（4）結び留め

縫い終わりの1針手前の縫い目にかけた糸の輪に針を通して結ぶ。布地を傷めないで留められるので、肩揚げ・腰揚げ等にも用いられる（図16 − 2④）。

（5）返し留め

縫い終わりで3 〜 4cmの間、もとの縫い目の上を半針ずらして縫い戻る。縫い始めにも用いるが、すくい留めと組み合わせるとさらに丈夫に留まる（図16 − 2⑤）。

（6）輪留め

縫い始めをごく小針に1針すくい上げ、糸端に輪を作り、その中に針を通して糸を引き締める。留め結びのように玉がなく、かさ張らずしっかりと留まるので、えり先・そでつけ止まりの縫い始めに用いる（図16 − 2⑥）。

④結び留め　　　　　　　　⑤返し留め　　　　　　　　⑥輪留め

図16− 2　留め方

［3］つぎ方

糸をつなぐ方法である。

（1）結びつぎ

縫っている途中で糸が不足したときや糸が切れたときに、「機結び」でつなぎ、続けて縫い進める。くけの場合は折り山奥でつなぐ（図17 −①）。

（2）重ねつぎ

縫っている途中で糸が不足した場合、糸いっぱいまで縫って糸こきをしておき、つなぐ糸の端に留め結びをして、3 〜 4cm手前からもとの縫い目の上を縫い足していく。くける場合は、くけ終わった糸は小さく打ち留めして糸を切り、2針ほど手前から重ねてくける。すそぐけ・えりぐけ等に用いる（図17 −②）。

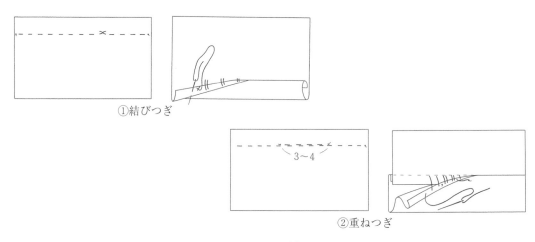

①結びつぎ

②重ねつぎ

図17　つぎ方

[４]　縫い方

（１）合わせ縫い

2枚の布を平らに合わせて縫う。背縫い・わき縫い・おくみつけ等の縫い合わせに用いる（図18－1①）。

（２）つまみ縫い

1枚の布の一部をつまんで輪のまま縫い、縫い目を付ける。広幅物の背縫いや、つまみおくみ等に用いる（図18－1②）。

（３）二度縫い

しるしどおりに合わせ縫いをしてから、その縫い目に並べて縫う方法で、縫い代が浅く開きやすい場合は、耳から0.2～0.3cm入ったところをもう一度縫っておく（図18－1③）。

（４）袋縫い

縫い代の裁ち目を袋状に縫い込む方法で、まず外表に合わせ、裁ち目の端から0.3cmぐらいのところを縫い、裏返して毛抜き合わせに整えしるしどおりに縫う。そで下・四つ身の背縫い等に用いる（図18－1④）。

（５）ずらせ袋縫い

布地が厚い場合、縫い代を薄く仕立てるため、縫い代を0.5～1cmの差を付けて袋縫いにする。縫い代は片返し、または割っておく（図18－1⑤）。

（６）伏せ縫い

中表に合わせ縫いし、縫い代は片返しに折り、布端を押さえ縫いする。針目は裏に1～1.5cm、表に0.1～0.2cmの小針で縫う。布を接ぎ合わせた縫い代の始末に用いる（図18－1⑥）。

（７）折り伏せ縫い

縫い代に0.5cmの差を付けて中表に縫い合わせ、広い方の縫い代で狭い方を包み、伏せ縫いと同様に縫う。裏からも見える場合の、布の接ぎ合わせに用いる（図18－1⑦）。

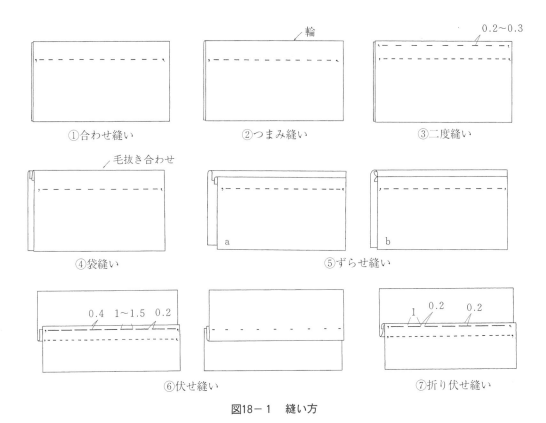

①合わせ縫い　②つまみ縫い　③二度縫い

④袋縫い　⑤ずらせ縫い

⑥伏せ縫い　⑦折り伏せ縫い

図18－1　縫い方

（8）重ね縫い

布の端と端を1cmぐらい重ねて一度、または二度縫って接ぎ合わせる。えり・すそ芯などの接ぎ合わせに用いる（図18－2①）。

（9）端伏せ縫い

裁ち目を1cmほど裏に折り、1cmぐらいの間隔で表に小針を出して押さえて縫う。ひとえ長着の木綿仕立ての肩当て・いしき当ての下部の始末等に用いる（図18－2②）。

（10）三つ折り縫い

布端が裁ち目の場合、三つ折りにして普通に縫う（図18－2③）。

（11）かがり縫い

図のように、裁ち目の端を糸で巻きながら、糸を引きすぎないように縫う。aは毎回巻いて進み、bは1針縫っては巻いて進み、cは0.5cm入ったところを1針ずつすくって糸をかけてかがる方法である。cは厚地の場合に多く用いられ、装飾の一種にもなる（図18－2④）。

（12）半返し縫い

1針すくって半分戻り、その針目の2倍進み、進んだ分の半分戻り、進みと戻りを繰り返して縫う方法である。厚地の接ぎ合わせや布が重なって厚みのあるところ、丈夫にしたい場合等に用いる（図18－2⑤）。

（13）本返し縫い

半返し縫いのように戻っては進む縫い方であるが、1針ずつ全部戻る方法で、ミシンで縫ったように見える（図18－2⑥）。

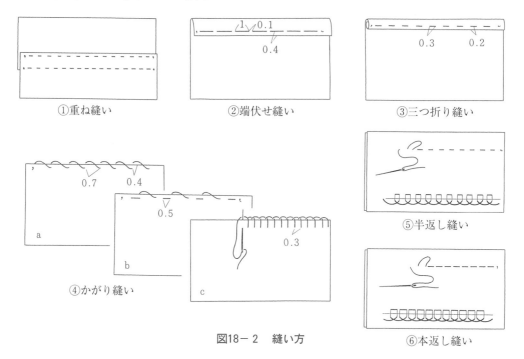

①重ね縫い　　　　②端伏せ縫い　　　　③三つ折り縫い

④かがり縫い　　　　⑤半返し縫い

図18－2　縫い方　　　　⑥本返し縫い

［5］くけ方
（1）折りぐけ

布端を0.5～1cm折り、針は折り山の中を通し、表には小針（0.2cm弱）を出して、1～1.5cmの間隔でくける。このとき、折りの山の0.1cm内側の表をすくうと仕上がりがきれいである。ひとえ長着の上仕立て・ひとえ長じゅばんのわき・おくみつけの縫い代始末等に用いる（図19－①）。

（2）三つ折りぐけ

布端を正しく三つ折りにして、折りぐけと同様に1cm間隔でくける。ひとえ長着の木綿仕立てのそで口・すそ・えり下等に用いる（図19－②）。

（3）耳ぐけ

耳から0.2cm入ったところに、裏（0.2cm）・表（0.1cm）・裏（0.2cm）と小針を出し、次の針目までは布の間を通る。くけ代の多少によって、1.5～3cmの間隔でくける。ひとえに長着の木綿仕立てのわき・おくみつけの縫い代の始末等に用いる（図19－③）。

（4）本ぐけ

両方のくけ代を裏に折り、折り山を合わせて0.2cm奥を手前、向こうと同じ針目ですくってくけ合わせる。ひも・えり・かけえり等をくける際に用いる（図19－④）。

（5）まつりぐけ

布端を三つ折りにし、表を小針にすくい、折り目の中を少し通って折り山に針を抜き、これを繰り返す。針目の間隔は 0.5cm ぐらいで、折り目の付きにくいウール仕立てのそで口・えり下・すそ等に用いる（図 19 −⑤）。

（6）よりぐけ

くけ代 0.5cm ぐらいを左指先で固くよりながら、0.2cm ぐらいの間隔にまつりぐけのように細かくくける。ひとえ長着・長じゅばんの薄物仕立てのそで口等に用いる（図 19 −⑥）。

（7）千鳥ぐけ

布の左方よりくけ進む方法で、裁ち目を折り込んだⓐと裁ち目がそのままのⓑの場合とがある。ⓐは折り代のイから針を出し、ロハと折り山より 0.2cm 手前を小針に表まですくい、ニホと折り代のみをすくってヘトと表まで小針にすくい、これを繰り返す。ウールのひとえ羽織のそで口布・肩すべりの始末等に用いる。ⓑは折り代の裁ち目の向こうを小針にすくい、裁ち目を押さえておく方法で、厚地の場合や縫い代を折り裁ち目の始末するときなどに用いる（図 19 −⑦）。

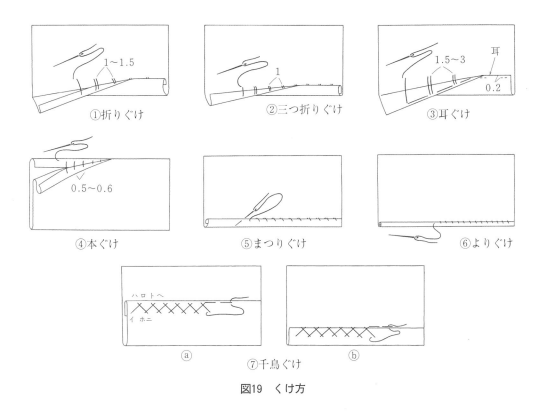

図19　くけ方

[6] しつけのかけ方

（1）並しつけ

表裏とも大針（約3cm）で同じ針目に、または表には大針、裏は小針にすることもある。あわせの中とじ・えりとじ等に用いる。平じつけとも言う（図20－①）。

（2）一目落とし

折り山・きせ山を落ち着かせるとき、仮しつけとして多く用いる。きせ山から0.5cmぐらい入ったところを表3cmほど、裏は0.5cmほどの針目で押さえる（図20－②）。

（3）二目落とし

縫い目にかけたきせが取れないように押さえておくしつけで、表大針（約3cm）と小針（約0.5cm）、裏は小針（約0.5cm）で2針出して押さえる。木綿・ウール等に用いる（図20－③）。

（4）三目落とし

二目落としと同様に、きせが取れないように押さえておくしつけである。表に大針1目、小針2目、裏に小針3目をすくう方法で、絹布・柔らかい布地の場合に用いる（図20－④）。

（5）隠しじつけ

縫い代の折り、きせが取れないように共糸できせ山から0.3cmぐらい離れたところに、表に小針（約0.2cm）を出して2cmぐらいの間隔で押さえ、そのまま取らずにおくしつけである。内揚げ・胴接ぎ・裏えりの接ぎ等に用いる（図20－⑤）。

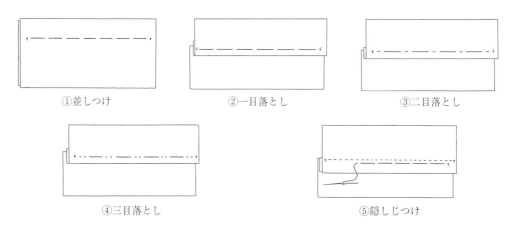

①並しつけ　　　②一目落とし　　　③二目落とし

④三目落とし　　　⑤隠しじつけ

図20　しつけのかけ方

Ⅲ　実習

1 大裁女物ひとえ長着

　大裁の長着は成人用で、その構成は各種長着の基本となっている。ひとえ長着は、通常、5月から9月にかけて、初夏・盛夏・初秋と季節に合わせて材料を選び用いられているが、ウール地等の利用により、年間を通して着用される服種となっている。

1 形と名称

　大裁女物ひとえ長着のでき上がりと各部の名称は、図1－1・1－2のとおりで、えりの形は、狭えり・ばちえり・広えりの3種類があり、狭えりは大裁男物・女物・小裁および中裁の長着に用いられ、ばちえり・広えりは大裁女物長着に多く使われる。そでの形は、長そで・元禄そで・舟底そで・筒そでなどがあり、用途・年齢・好みなどに応じて選ぶ。

2 でき上がり寸法

　でき上がり寸法の割り出し方（表1）を用いて、各自の寸法を決める。

表1　でき上がり寸法（参考寸法は身長158・腰囲90・ゆき63の例）

(cm)

名　　称		参考寸法	各自寸法	割 り 出 し 方
そ で た け		52～53		身長×$\frac{1}{3}$
そ で 口		23		標準寸法（身長150以下21）
そ で つ け		23		標準寸法
そ で 幅		32～33		ゆき×$\frac{1}{2}$＋1
そ で 丸 み		2～13		自由
身 た け		156～158		身長と同寸
え り 下		80		身長×$\frac{1}{2}$：身長150以下　　身長×$\frac{1}{2}$＋2～3：身長160くらいまで 身長×$\frac{1}{2}$＋4～6：上記以上の身長
お く み 下 が り		23		標準寸法（身長150以下21）
身 八 つ 口		15		標準寸法
え り 肩 あ き		8.5～9		標準寸法8.5　肥満体9
く り こ し		2		標準寸法
ゆ き		62～64		右上肢、水平側拳、第7頚椎点から尺骨茎突点外縁までを肩で押さえて計る
肩 幅		30～31		ゆき×$\frac{1}{2}$－1
後 ろ 幅		28		（腰囲－前腰幅＋ゆるみ3）×$\frac{1}{2}$
前 腰 幅		37		腰囲×$\frac{1}{2}$－8～9（腰囲92以下－8、以上－9）
前 幅		22		前腰幅－おくみ幅
お く み 幅		15～16		腰囲100以上16　その間15.5　96以下15
合 づ ま 幅		15～16		おくみ幅と同寸
え り 幅	ばちえり	えり山	5.5	標準寸法
		剣 先	6.5	標準寸法
		えり先	7.5(いっぱい)	標準寸法

3 **材料**

（1）表布

①地質 − ゆかた地・木綿縞・木綿絣・綿縮・綿絽

　　麻　−上布・麻縮

　　絹　−縮緬・紬・紗

　　毛　−ウール・シルクウール

　　その他−化繊・交織

②用尺＝並幅（36cm 内外）　たけ 1 反（着尺・1140cm 内外）

（2）肩当て

①地質−晒木綿・新モス

②用尺＝縦布の場合…並幅　たけ 104cm

　　　　　横布の場合…並幅　たけ 70cm

（3）三つえり芯

①地質−晒木綿・新モス

②用尺−幅 10.8cm、たけ 26cm

（4）糸と針

①糸−綿手縫い糸（細口）またはカタン糸 30 番、色は表布の地色に合わせる。

　　　白も・木綿しつけ糸

②針−縫い針…3 の 2・3 の 3、くけ針…3 の 5

4 **裁ち方**

裁ち方は、裁つ前の準備・柄合わせなどに注意しながら、以下の要領で行う。

［1］裁ち方準備

裁つ前の準備・裁ち方（p.16）参照。

［2］裁ち切り寸法の決め方

でき上がり寸法をもとに、縫い代、その他を加えて裁ち切り寸法（cm）を決める。

①裁ち切りそでたけ　　　：でき上がりそでたけ＋そで下縫い代 2

②裁ち切り身たけ　　　　：でき上がり身たけ＋すそくけ代 2

③裁ち切りおくみ下がり：でき上がりおくみ下がり 23 −おくみ先縫い代 3

④裁ち切りおくみたけ　：裁ち切り身たけ−裁ち切りおくみ下がり 20

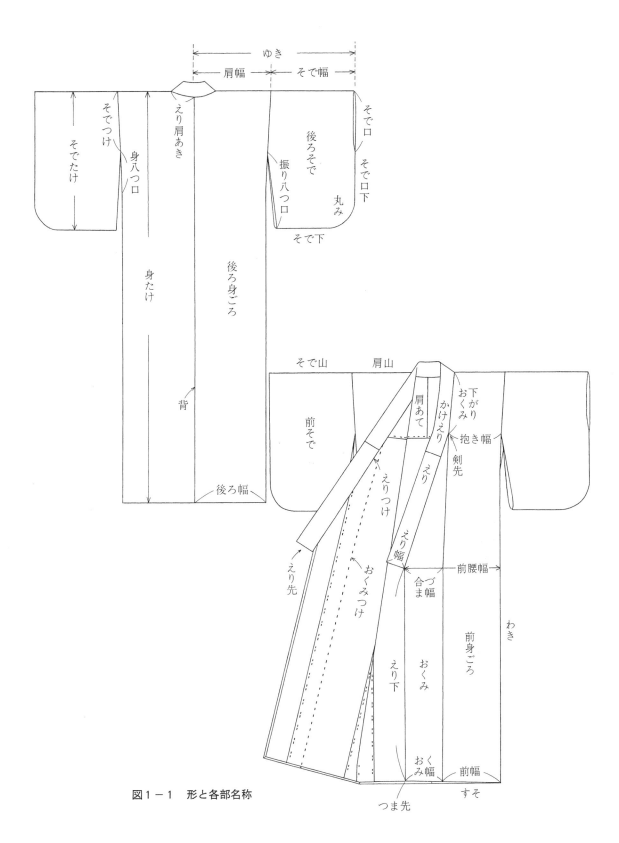

図1-1　形と各部名称

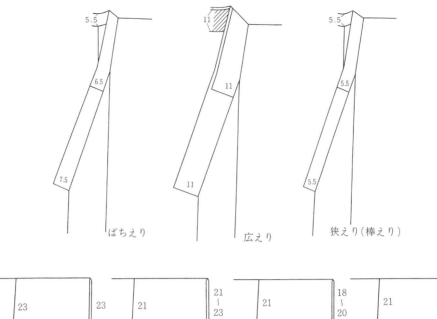

ばちえり　　　　　　　　　　広えり　　　　　　　　　　狭えり（棒えり）

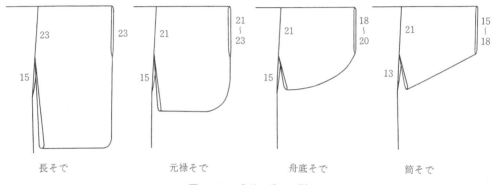

長そで　　　　　　　　　元禄そで　　　　　　　　舟底そで　　　　　　　　筒そで

図1-2　えり・そでの形

⑤裁ち切りおくみ幅　　：でき上がりおくみ幅＋えり下くけ代・おくみつけ縫い代3

⑥裁ち切りえりたけ　　：でき上がり身たけ－えり下＋えり肩あきえ・えり先縫い代
　　　　　　　　　　　　　14〜16

⑦裁ち切りえり幅　　　：並幅－裁ち切りおくみ幅

⑧裁ち切りかけえりたけ：でき上がりえり肩まわり10＋でき上がりおくみ下がり23＋
　　　　　　　　　　　　　剣先下がり8＋縫い代2＋くりこし2

⑨裁ち切り肩あき　　　：でき上がりえり肩あき8.5＋背縫い代1

＊必要たけ：裁ち切りそでたけ×4＋裁ち切り身たけ×6－裁ち切りおくみ下がり20×2

[3] 裁ち方についての注意

①総たけを計る。

②必要たけを計算し、布の過不足を確かめる。

③柄の状態を見て、裁ち方を決める。

④寸法を正確に計り、布目を通して裁ち切る。

［4］裁ち方

標準的な裁ち方は棒おくみ裁ちであり、用布不足の場合は、三つ割えり裁ち・かぎおく
み裁ちなどを応用する。用尺が十分にある場合には、身ごろに内揚げをする、かけえり二
枚裁ちにするなどの方法が用いられる。そのほか、広幅物の裁ち方がある。

また、身ごろのえり肩あきは肩山線より後ろへくりこしてあけるが、くりこしの方法と
しては、切りくりこし・揚げくりこしが用いられる。くりこしを付ける理由は、えり肩あ
きを後ろにずらして着やすくする、えりを後ろへ抜く、下着の重なり分のゆとりとするな
どが挙げられる。

（1）棒おくみ裁ち

長方形のおくみを2枚並べて棒状に裁つことから、その名があるとも言われており、普
通裁ちとも呼ばれる。

柄合わせを必要としない基本的な裁ち方は、図のように折りたたみ、×印を裁ち切る。
左側のそで山・肩山には絶対に鋏を入れないこと（図2－1①②）。

（2）三つ割えり裁ち

身たけが長く、総たけが不足する場合の裁ち方の一種である。図のように三つ割にした
えり布のうち、1枚をかけえりとし、残り2枚を地えりとして、えり山を接ぐ。この場合、
えり布幅が狭いので、別布を足してばちえりに仕立てる。図のように折りたたみ、×印を
裁ち切る（図2－1③）。

（3）かぎおくみ裁ち・うばおくみ裁ち

かぎおくみは両面物に限り用いられるもので、総たけが不足する場合、図のようにおく
みをかぎ形に裁つ。この場合、かけえり分が不足するので、普通、つまみかけえりに仕立
てる。うばおくみは、片面物の方法で、かぎおくみと同様に裁つが、下前のおくみのかぎ
の部分を斜めにつまんで縫い、えり下側をおくみつけ側として用いる（図2－2④）。

（4）広幅裁ち

72cm または 90cm 幅の裁ち方で、身ごろの背を輪のまま仕立てることもある（図2－
3①）。

　　◎72cm 幅　必要たけ：裁ち切りそでたけ×4＋裁ち切り身たけ×2
　　◎90cm 幅　必要たけ：裁ち切り身たけ×4－裁ち切りおくみ下がり×2

（5）肩当ておよび三つえり芯

標準的な裁ち方は、縦布使いで肩当てと三つえり芯を裁ち合わせるが、横布使いの簡単
な方法もある（図2－3②）。

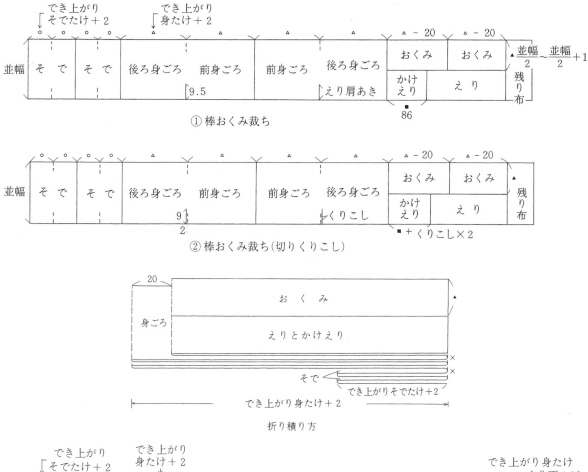

① 棒おくみ裁ち

② 棒おくみ裁ち(切りくりこし)

折り積り方

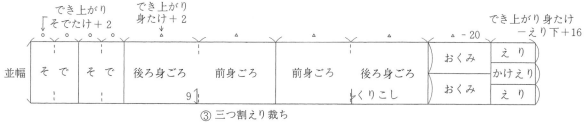

③ 三つ割えり裁ち

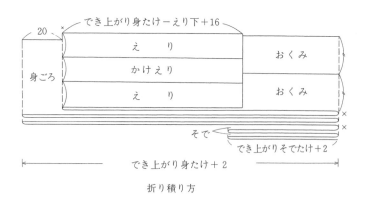

折り積り方

図2-1 裁ち方

④ かぎおくみ裁ち(うばおくみ裁ち)

図2-2　裁ち方

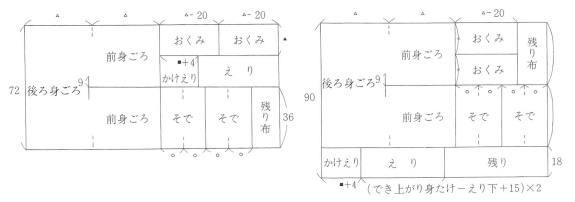

①広幅裁ち

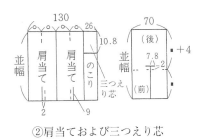

②肩当ておよび三つえり芯

図2-3　裁ち方

❺ しるしつけ

[1] そで

1枚ずつ中表にそで山の布目を通して二つ折りにし、そで口側をそろえる。さらに左右のそで山の輪を2枚、そで口側を4枚そろえて正しく重ねる（図3－①）。

まず、そで下の裁ち目を一番短いたけの寸法で、布目をまっすぐに通しべらをして裁ちそろえる。

しるしつけの順序は、以下のとおり。

①そでたけ　②そで口　③そでつけ　④そで口下縫い代　⑤そで口くけ代　⑥そで幅　⑦山じるし　⑧丸み

なお、きせ代をそで下、そでつけ0.2cm、そで口下0.1cmを加えてしるす。また、そで口とそでつけのしるしは表に出さないよう布端に浅くしるすこと（図3－②）。

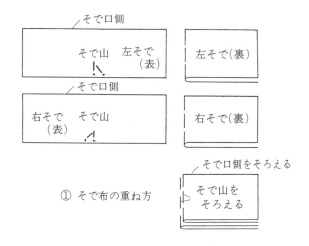

① そで布の重ね方

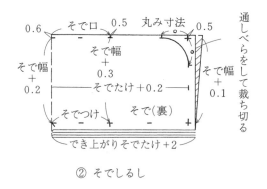

② そでしるし

図3　そで

［2］身ごろ

（1）後ろ身ごろ

　布の重ね方は、柄合わせしたときの糸じるしを確認のうえ、背側の耳を2枚手前にして中表に合わせ、前身ごろ側を正しく置く。肩山の布目をまっすぐに通し、物差しで押さえて後ろ身ごろを前身ごろの上に折り返し、背側の耳を4枚正しくそろえる。

　身ごろのしるしつけはくりこしを付ける方法で行うが、内揚げを併用する場合もある（図4）。

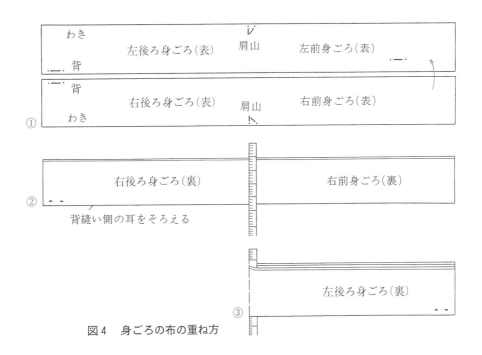

図4　身ごろの布の重ね方

■肩幅・後ろ幅の差が3cm未満の場合（図5－①）

◎切りくりこし

　まず、身たけいっぱいに通しべらをして、すそ口を裁ちそろえる。裁ち切り身たけをメモしておく。えり肩あきは、肩山より後ろ身ごろにくりこし寸法（2cm）下がった位置に9cmあける。

◎しるしつけ順序

　①すそくけ代　②そでつけ　③身八つ口　④背縫い代　⑤後ろ幅（身八つ口まで）⑥肩幅　⑦そでつけ斜め　⑧山じるし

きせ代は、背・わき・そでつけ、各0.2cmを加えてしるす。

■肩幅・後ろ幅の差が3cm以上の場合（背が高くて痩せている場合）（図5－②）

　前法の④まで同様にしるすが、後ろ幅はわきでえり下寸法を取り、すそからこの位置までしるし、肩山と斜めに結び、しるしを付ける。

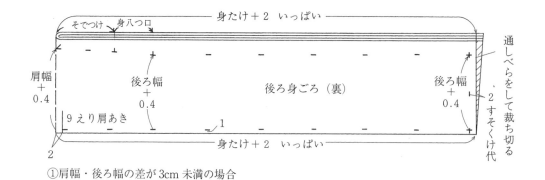

①肩幅・後ろ幅の差が3cm 未満の場合

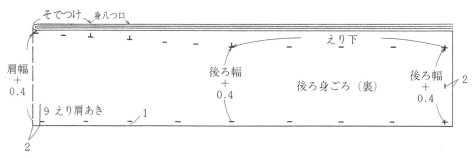

②肩幅・後ろ幅の差が3cm 以上の場合

図5　後ろ身ごろ　切りくりこし

（2）前身ごろ（図6）

　後ろ身ごろ2枚を左に開いて前身ごろを出し、わき・すそのしるしをはっきり付け直しておく。ただし、背縫い代は付けない。

　◎しるしつけ順序

　　①おくみ下がり　②おくみ下がり縫い代　③えり下寸法　④前幅　⑤①と③を結ぶ
⑥えり肩まわりは図6のようにしるし、イ〜ロ間を計ってメモしておく。

　きせ代は、わきとおくみで0.4cm加えてしるす。

［3］おくみ（図7）

　まず、すそ口の布目を通して裁ちそろえ、中表に2枚重ねてえり下側を裁ち目として手前に置くが、柄合わせの都合で耳の場合もある。

　◎しるしつけ順序

　　①おくみたけ　②すそくけ代　③えり下寸法　④えり下くけ代　⑤おくみ幅・合づま幅　⑥おくみ先のおくみつけ縫い代　⑦おくみ先と合づま幅を斜めに　⑧剣先きせ代
⑨えり下と剣先を斜めロ〜ハ間を計ってメモしておく。

　きせ代は、おくみつけ0.2cm、えりつけ0.1cmで、剣先は0.3cmとなる。

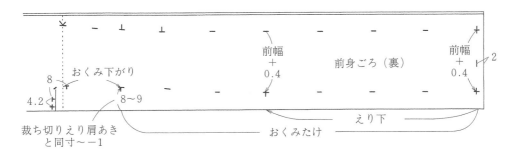

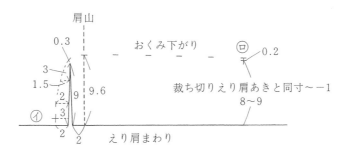

図6　前身ごろ

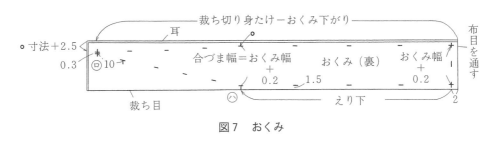

図7　おくみ

［4］えりとかけえり（図8）

（1）ばちえり

え り 布 を 中 表 に え り 山 の 布 目 を 通 し て 二 つ 折 り に し 、 え り つ け 側 を 裁 ち 目 と し て 手 前 に そ ろ え て 正 し く 置 く 。 き せ 代 は え り 幅 0.1cm 加 え て し る す 。

◎しるしつけ順序

　①えりたけ　②えりつけ縫い代　③えり幅　④山じるし

　なお、えりたけは前身ごろの図6⦿〜⦿＋0.3cm、おくみの図7⦿〜⦿−0.5cmをしるす。

（2）かけえり

えりと同様にかけえり布を置く。

◎しるしつけ順序

　①かけえりたけ　②くけ代　③山じるし

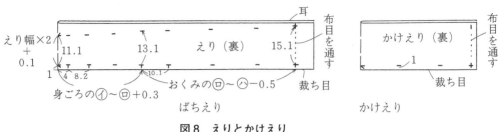

図8　えりとかけえり

■かけえり共付け（かけえりとえり布の同時付け）

① かけえり下部を折る。

② 地えりにかけえりの中央を合わせて両端をしつけする。

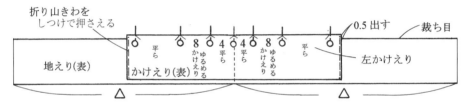

③ かけえりを下げて、折り山の 0.5cm 内側を縫い付ける。

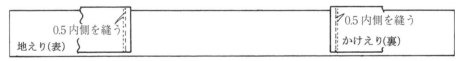

④ えりつけ側をしつけする。

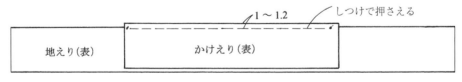

⑤ えりのしるしつけ（図8参照）。

⑥ 縫い方

① 木綿仕立て

◎縫い方順序（図9）

①そで　②背縫い　③肩当てつけ　④わき縫いおよび始末　⑤えり下ぐけ　⑥おくみ
つけおよび始末　⑦すそぐけ　⑧えりつけ　⑨かけえりつけ　⑩そでつけ　⑪閂留め

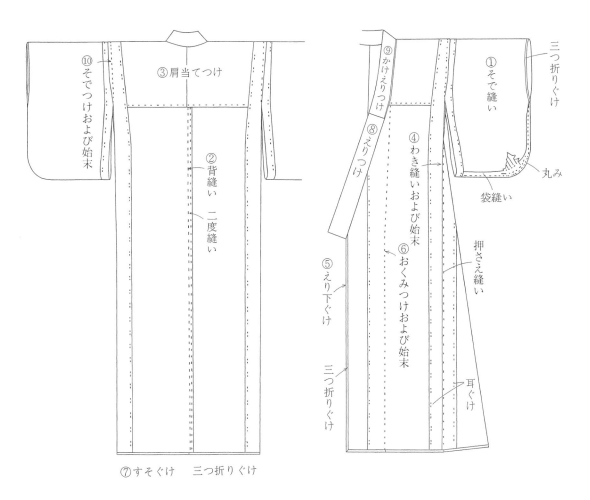

図9　縫い方順序

[１] そで

（１）そで下中縫い

　そで下の裁ち目を外表に合わせてしるしに待ち針を打ち、図10 −①のとおり両端を残して 0.3cm の縫い代で縫い、きせ 0.2cm で片返しに折って裏返して、きせ山を毛抜き合わせに整える。

（２）そで下・そで口下縫い

　しるしを合わせて待ち針を打ち、そで下からそで口下まで続けてしるしどおり縫う。丸みの始めと終わりは小針に１針返し、丸みの間は小針に縫い糸を少しつらせて、そで口止まりはすくい返し留めにする（図10 −②）。

（３）丸みの始末

　図11 のとおり、丸みのしるしは後ろそでの縫い目から 0.5cm と、さらに 1cm 離して付ける。次に、表縫い糸２本を用い 0.5cm の針目で縫い、縫い目の 0.1cm 外側を縫い戻る。縫い代はそで口下に 0.1cm、そで下にきせ 0.2cm をかけて前そでに折り、丸み型を入れて待ち針で押さえ、糸を平らに引き締め玉留めをして、丸みの縁・縫い代のひだをこてで押さえる（図11 −①②③）。

（４）そで口ぐけ

　そで口は三つ折りぐけにする。そで口下のきせ山をまっすぐに通して折り、三つ折りにしてそで口のあきを 1cm の針目でくける。くけ始め・くけ終わりは玉留めにして、そで口止まり、そで山には必ず針目を出す（図12）。

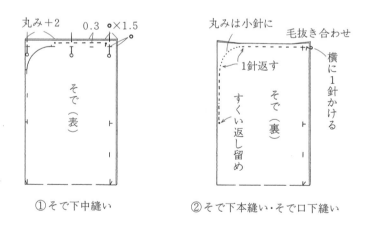

①そで下中縫い　　②そで下本縫い・そで口下縫い

図10　そで下・そで口下縫い

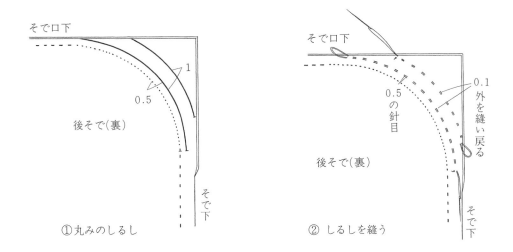

① 丸みのしるし

そで口下

後そで(裏)

1

0.5

そで下

② しるしを縫う

そで口下

0.5
の針目

0.1

外を縫い戻る

後そで(裏)

そで下

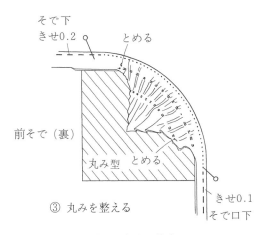

そで下
きせ0.2

とめる

前そで(裏)

丸み型　とめる

きせ0.1
そで口下

③ 丸みを整える

図11　丸みの始末

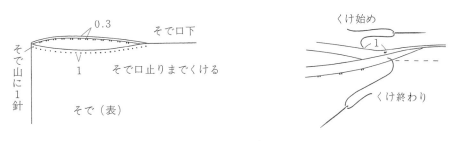

0.3

そで口下

そで山に1針

1

そで口止りまでくける

そで(表)

くけ始め

1

くけ終わり

図12　そで口ぐけ

［2］背縫い

　背縫いは、二度縫いにする。後ろ身ごろを中表に合わせて、図13－①のように待ち針を打ち、えりつけしるしより0.4cm（1針）手前からすそまでをしるしどおりに縫う。次に、耳から0.2cm内側を肩当てを付ける位置を除いて縫う。縫い代はきせ0.2cmをかけて、左身ごろに折る（図13－②③）。

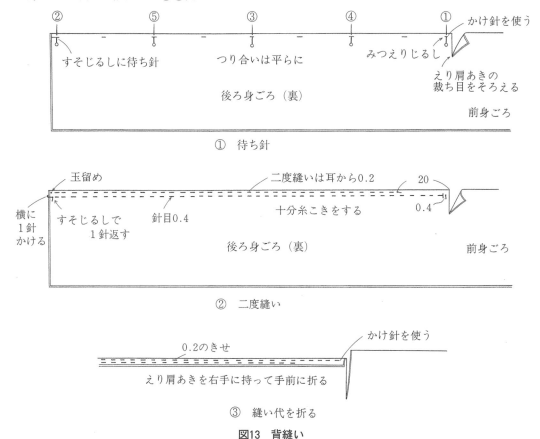

① 待ち針

② 二度縫い

③ 縫い代を折る

図13　背縫い

［3］肩当て
（1）縦布の場合（標準仕立て）

　①肩当て作り－肩当ての前後の下部をほつれ止めにロックミシンで始末し1cmの縫い代で折り、端伏せ縫いで始末する。次に、背縫いは1cmの縫い代で縫い、縫い代は身ごろと反対側に折る（図14－①）。

　②肩当て布は身ごろの向こう側に合わせて、えり肩あきの裁ち目をそろえる。次に、各背縫い目に待ち針を打ち、縫い目の0.1cm外側を2cmの針目でとじる。とじ糸は白縫い糸（図14－②）。

　③身ごろと肩当てを開いて平らに置き、えり肩まわりと両横をしつけで押さえる（図14－③）。

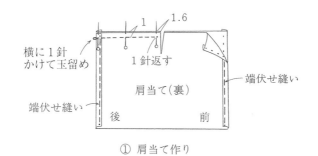

横に1針
かけて玉留め

1　1.6

1針返す

肩当て（裏）

端伏せ縫い

端伏せ縫い

後　前

① 肩当て作り

針目2　縫い目の0.1外をとじる

後ろ身ごろ（裏）　前身ごろ

肩当て

1針斜めに戻り玉留め

②背縫い代にとじる

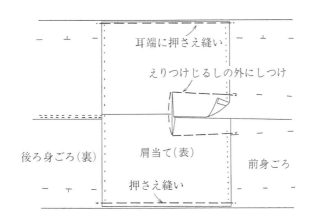

耳端に押さえ縫い

えりつけじるしの外にしつけ

後ろ身ごろ（裏）　肩当て（表）　前身ごろ

押さえ縫い

③ 身ごろと肩当てを開く

図14　肩当てつけ（縦布）

（2）横布の場合

①肩当て作り－肩当ての布を横に使い、耳を前後の下部に利用するので、両横の裁ち目をロックミシンで始末し、背中心の折りを付ける（図15 －①）。

②肩当て布を開いて身ごろの向こう側に当て、背縫いのきせ山と肩当ての背中心を合わせて待ち針を打ち、縫い目の0.1cm外側を2cm間隔に小針を出してとじる。とじ糸は白縫い糸（図15 －②）。

③えり肩まわりと両横の始末は、（1 ）の場合に同じ（図15 －③）。

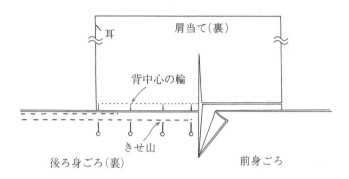

① 待ち針

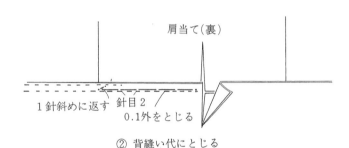

② 背縫い代にとじる

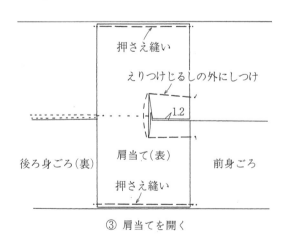

③ 肩当てを開く

図15　肩当てつけ（横布）

［4］ わき縫いおよび始末

（1）わき縫い

前後のわきを中表に合わせて待ち針を打ってしるしどおりに縫うが、身八つ口止まりは1針小さく返してすくい返し留めでしっかり留める。縫い代は、きせ0.2cmで前身ごろに折る（図16）。

（2）わき縫い代の始末

①わき縫い代4cm以上の場合

この場合は、後ろ身ごろの縫い代を縫い目から0.5cm外側で折り開いて、折り山を押さえて隠しじつけをする。次に、身八つ口から肩山までの縫い代は、図のように身八つ口の間はしるしどおりに折り、そでつけから5cmのところから肩山までは、しるしから0.5cm折り出して整える。なお、肩山縫い代が1cm内外の場合は、図のようにそでつけ止まりから5cmのところで0.5cm折り返して、あとは自然に斜めに折り出す。

縫い代は、身ごろに耳ぐけでくけ付ける。身八つ口止まり・肩当て下部・そでつけ止まり・肩山に必ず1針出し、すそ口は6cm手前までくける（図17）。

②わき縫い代4cm未満の場合

後ろ身ごろの縫い代は、身八つ口の下部4cmの位置で縫い目より0.5cm開き、斜め自然に折り消して折り山を押さえ縫いする。耳ぐけは、すそから折り開いたところまで2枚一緒にくけるが、ほかは縫い代4cm以上の場合と同じ（図18）。

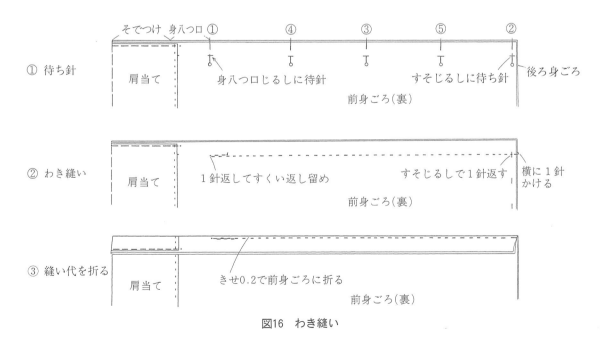

図16　わき縫い

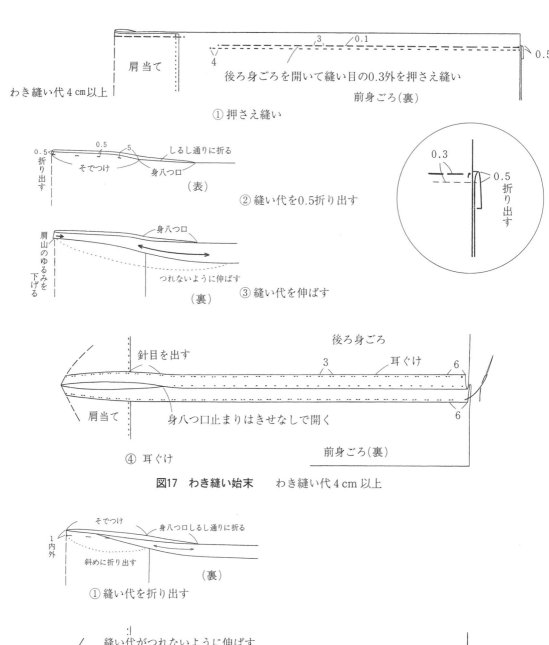

肩当て

わき縫い代 4 cm 以上

3　0.1

4

0.5

後ろ身ごろを開いて縫い目の0.3外を押さえ縫い

前身ごろ(裏)

① 押さえ縫い

0.5　0.5　5　しるし通りに折る

折り出す

そでつけ

身八つ口

（表）

② 縫い代を0.5折り出す

0.3

0.5折り出す

肩山のゆるみを下げる

身八つ口

つれないように伸ばす

（裏）

③ 縫い代を伸ばす

針目を出す

後ろ身ごろ

3　耳ぐけ　6

肩当て

身八つ口止まりはきせなしで開く

6

前身ごろ(裏)

④ 耳ぐけ

図17　わき縫い始末　　わき縫い代 4 cm 以上

そでつけ　身八つ口しるし通りに折る

1内外

斜めに折り出す

（裏）

① 縫い代を折り出す

縫い代がつれないように伸ばす

斜めに折り消す

2枚で耳ぐけ　6

前身ごろ(裏)

② 耳ぐけ

図18　わき縫い始末　　わき縫い代 4 cm 未満

56

［5］えり下ぐけ

　えり下は、三つ折りぐけにする。えり下縫い代を 0.8cm ほどの幅の三つ折りにして、すそ 4cm のところからえり下じるしの 5cm 上まで 1cm の針目で三つ折りぐけにする（図19）。

［6］おくみつけおよび始末

　(1) おくみと前身ごろを中表にしておくみのしるしを合わせ、おくみ先は肩当て布を外して待ち針を打ち、しるしどおりに縫う。おくみ先では、1 針小さく返して斜めに縫い上げて留める（図 20 － ①）。

　(2) 縫い代は、きせ 0.2cm でおくみ側に折り、おくみ先の縫い代を斜めに引き上げて整え、図のようにえりつけじるしの 1 針手前から、すその 6cm 手前までを耳ぐけで始末する。始末の後で肩当てをもとの位置に戻し、えりつけじるしから 0.2cm 外側にしつけをかけて、身ごろの縫い代を平らに整える（図 20 － ②）。

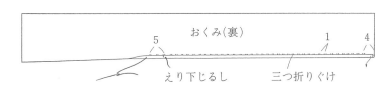

図19　えり下ぐけ

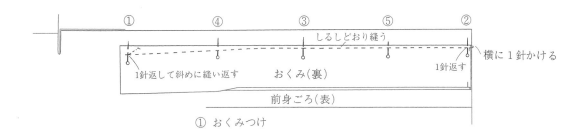

① おくみつけ

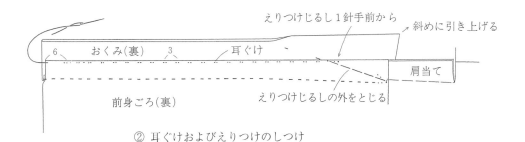

② 耳ぐけおよびえりつけのしつけ

図20　おくみつけおよび始末

［7］すそぐけ

（1）すその折り方

すそは三つ折りぐけにする。すその縫い代を 1cm の三つ折りにして、つば先は額縁に折り、背・わき・おくみの各きせ山に待ち針を打つ（図21）。

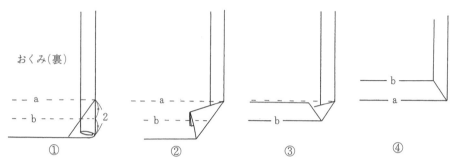

図21　つま先、角の折り方

（2）くけ方

くけ始めは図 22 － 1・22 － 2 のように、①上前の縫い代の内側からつま先角に針を出す。②えり下の縫い代を斜めに 3 針くけ上げて折り山角に針を抜く。③真下のおくみ布からえり下の折り山にかけて 1 針小さく返しぐけして、④すその折り山角にもう一度針を入れて、1cm の針目でくけ進める。⑤⑥⑦各縫い目のくけ方は、きせ山から 0.2cm の位置で返しぐけにする。⑧くけ終わりは、くけ始めと反対の順序で針を進めてつま先角の針を抜き、⑨打ち留めしてから糸を引き込んで切る。⑩くけ上がりは、各縫い目のきせの高い方の 0.2cm の位置に、必ず 1 針返しぐけをした針目が出る。

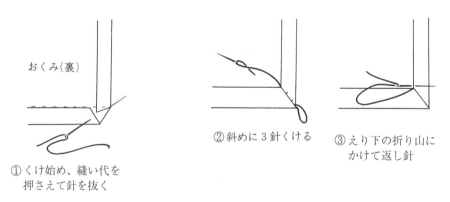

①くけ始め、縫い代を
　押さえて針を抜く

②斜めに 3 針くける

③えり下の折り山に
　かけて返し針

図22－ 1　すそぐけ

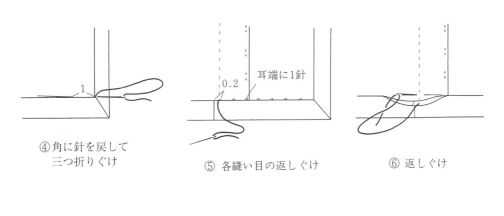

④角に針を戻して
　三つ折りぐけ

⑤ 各縫い目の返しぐけ

⑥ 返しぐけ

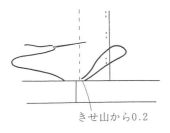

きせ山から0.2

⑦ 針を戻してくけ進める

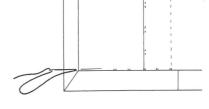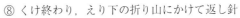

⑧ くけ終わり，えり下の折り山にかけて返し針

⑨ くけ終わりの糸を引き込む

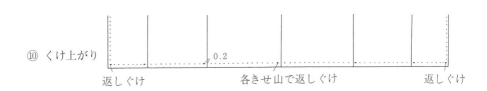

⑩ くけ上がり

返しぐけ　　　　　　　　各きせ山で返しぐけ　　　　　返しぐけ

図22－2　すそぐけ

[8] えりつけ

（1）待ち針の打ち方

えりと身ごろを中表にして、えり山と背縫いのきせ山のきわを合わせて①の待ち針を打つ。下前のえり下じるしまでの間を各合いじるしを合わせて、図の順序とのバランスを見て待ち針を打つ。なお、⑪～⑬の待ち針はおくみつけ線をぴんと張り、おくみ先を斜めに引き上げて平らに合わせて打つ（図23 −①）。

（2）縫い方

下前のえり先⑨の待ち針を抜き、その針穴に針を入れ、小さく1針すくって輪留めにする。縫い始めは2cm半返し縫いにしておくみの斜めを伸ばさないように縫い進め、剣先の手前2cmから半返しにして、ほかは小針で縫い、背縫いのきせ山で1針返して下前分を縫い終わり、針を休めておく。

次に、上前にえりつけ待ち針を打ち、下前と同様に続けて縫い、縫い終わりはすくい返し留めにする。縫い代は平ごてを当ててえりを表返し、表側からきせ0.1cmで整える（図23 −②）。

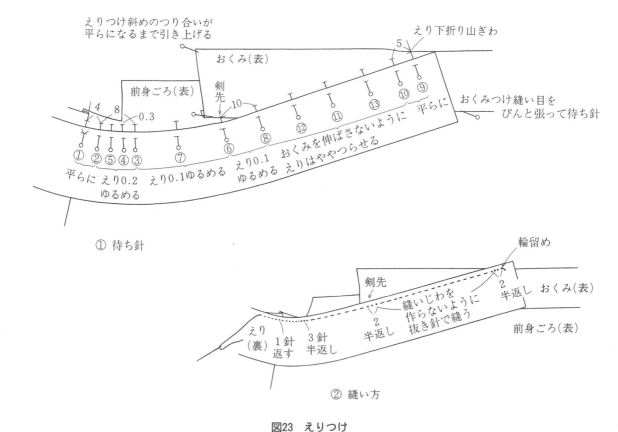

① 待ち針

② 縫い方

図23　えりつけ

60

（3）三つえり芯の入れ方

三つえり芯は晒木綿を幅10.8cm、たけ26cmを用いる。三つえり芯の裁ち目とえりつけ縫い目をつき合わせにして、えりつけ縫い代にとじ付ける（図24）。

（4）えりつけ縫い代を整える

　表えりを平らに置いて三つえり芯を重ね、身ごろの縫い込みをえりと平らになるまで斜めに伸ばして落ち着ける（図24）。

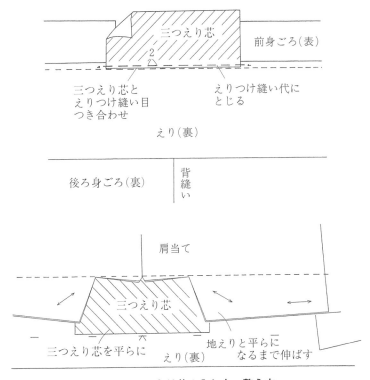

図24　三つえり芯の入れ方・整え方

（5）えり幅に折る

　えりは幅をしるしどおりに折ってから、二つ折りにする。折り山はえりつけ縫い目より0.2cm出して待ち針を打つ（図25）。

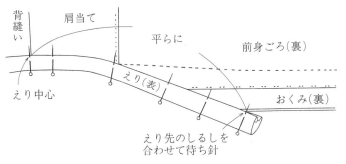

図25　えり幅に折り待ち針

（6）えり先始末

えり先留めは1本糸で、図26の①表えりのきせ山から針を出し、②えり下の折り山ぎわに通し、③えりくけ側の折り山を布目2～3本えり先に向けてすくい、④えりのきせ山に戻り、始めの糸と結び合わせて2cmの長さに切り、より合わせる。次に、えりの裏側を出してくけ代を開き、えり先留めから0.5cm外側を縫う。縫い代は留めからきっちりとえりの裏側に折り、くけ代を折り伏せてえり先縫い代にとじ付ける。このとき、えり先の縫い代をその分10%ほど引き上げる（図26－①②③④）。

（7）えりぐけ

えりぐけは本ぐけにする。えり先を表返し、えりは折り山より0.2cm内側を、身ごろは縫い目線上をすくって0.5～0.6cmの針目でくける。くけ始めと終わりはくけ返して、玉留めを中に引き入れる（図26－⑤）。

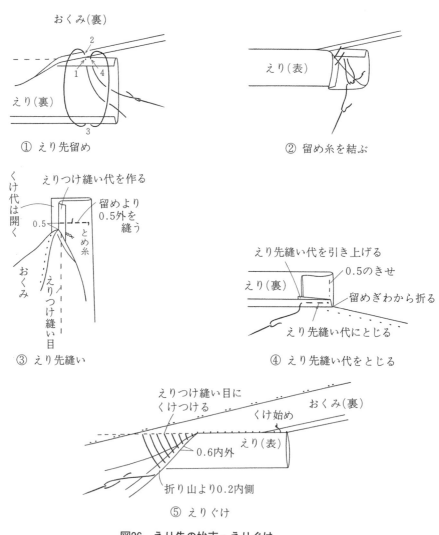

① えり先留め

② 留め糸を結ぶ

③ えり先縫い

④ えり先縫い代をとじる

⑤ えりぐけ

図26　えり先の始末・えりぐけ

［9］かけえりつけ

（1）かけえりの折り方

かけえりのえりつけ側縫い代と両端の縫い代を折る。角は図27－1①のように斜めに折るが、縫い代が厚くかさばる場合には、②の方法で折るとよい。また、縞の場合は、地えりの縞に合わせて折る（図27－1）。

（2）待ち針の打ち方

待ち針は、かけえりと地えりの山を合わせ、かけえりを地えりより0.2cm出して、えりつけと同じつり合いで打つ。かけえり先の角は、地えりのきせ山と合わせてえり際に縦に待ち針を打つが、針はかけえりの縫い代だけを押さえるようにする。次に、下前のかけえりも同様に待ち針を打つ（図27－2③）。

（3）かけえり先縫い

かけえり先の待ち針は打ったままにしておき、かけえり先から20cmほどの間の待ち針を抜いてかけえり先の裏を出し、かけえり先の折り山より0.5cm外側を、地えり1枚をすくうようにして縫い付ける。このとき、かけえりは地えりにきっちりと巻き付け、裏側は地えりに合わせて縫い代を折り、えり先角の縫い代は斜めに折ったままで縫う。次に、下前かええり先も同様に縫う（図27－2④）。

（4）くけ方

かけえりつけは、本ぐけにする。かけえりをもとに戻して、①地えりのかけえり先の角の位置に針を出し、②かけえり先角を小さく斜めにすくって①に戻し入れてくけ始める。

くけ方は、かけえりは縫い代の折り山より0.2cm内側を、地えりはきせ山に針を入れて0.5～0.6cmの針目でくける。かけえりの裏側は地えりに合わせて折り、0.2cm内側をくける。また、かけえり幅の狭い場合は、別法の耳ぐけで始末する（図28）。

	かけえり（裏）中心　裁ち目　布目を通す	
1.5	① かけえりの折り方	

1
↑1.5

1
↑1.5

② 角の折り方

図27－1　かけえりつけ

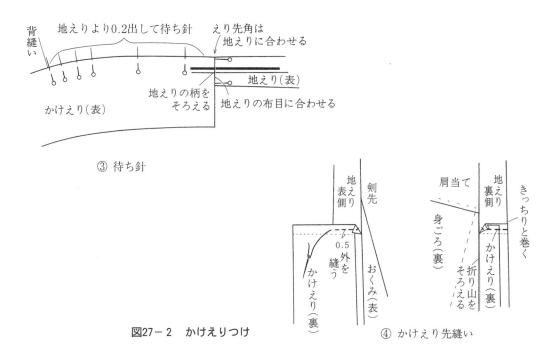

背縫い

地えりより0.2出して待ち針　　えり先角は
　　　　　　　　　　　　　　　地えりに合わせる

地えり（表）

かけえり（表）

地えりの柄を　　　地えりの布目に合わせる
そろえる

③　待ち針

地表え側りり

剣先

おくみ（表）

0.5
外を
縫う

かけえり（裏）

図27－2　　かけえりつけ

肩当て

地裏え側りり

きっちりと巻く

身ごろ（裏）

折り山を
そろえる

かけえり（裏）

④　かけえり先縫い

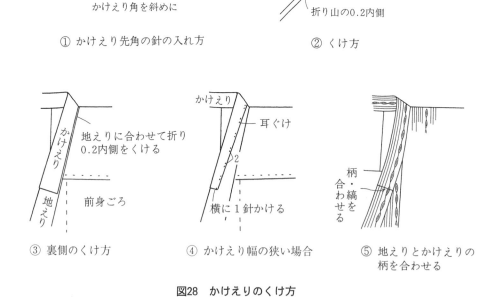

前身ごろ（表）

②　①かけえり先の角

かけえり（表）

かけえり角を斜めに

①　かけえり先角の針の入れ方

地えりのきせ山をすくってくける

①に針をもどす

地えり　　　　　　　　　　　地えり（表）

かけえり

折り山の0.2内側

②　くけ方

かけえり

地えり

地えりに合わせて折り
0.2内側をくける

前身ごろ

③　裏側のくけ方

かけえり

耳ぐけ

2

横に1針かける

④　かけえり幅の狭い場合

柄・縞を
合わせる

⑤　地えりとかけえりの
　　柄を合わせる

図28　　かけえりのくけ方

64

[10] そでつけ

（1）待ち針の打ち方

　まず、そでと身ごろの左右およびそでつけ寸法を確かめ、身ごろを裏返してそでを差し込み、中表に合わせる。前身ごろと前そで、後ろ身ごろと後ろそでが中表に合わさっているか、そでつけ寸法が合っているかを確かめる（図29－①）。

　次に、そでを開き、身ごろは縫い代を0.5cm折り出したままの状態でしるしどおり、図29－②の①〜⑦の順に釣り合いを平らにして待ち針を打つ。

（2）縫い方

　縫い始めは、輪留めをしてからすくい留めをして、2cm半返しで縫い、そで山は3針半返し、縫い終わり2cm半返して、すくい返し留めにする。ほかは、小針で縫う。

　縫い代は、平ごてを当ててからきせ0.2cmでそでに折る（図29－③）。

（3）振りの始末

　振りの縫い代は、耳ぐけでそでつけ止まりより1針先まで始末するが、そでつけ止まりとそで下には必ず1針出す。また、そで山では3針耳ぐけをして押さえる。なお、振りの縫い代が少ない場合は、1.5〜2cmの間隔で耳ぐけをするとよい（図30）。

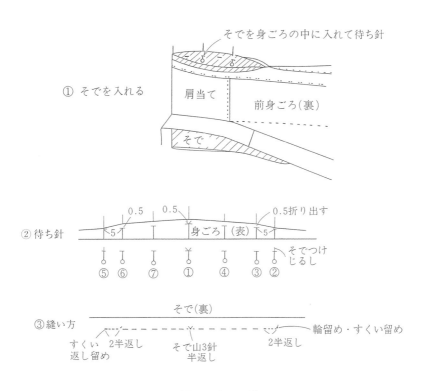

図29　そでつけ

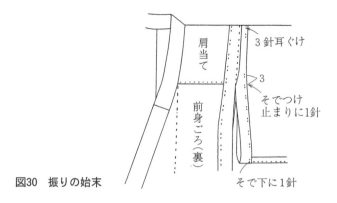

図30　振りの始末

（図中）
肩当て
前身ごろ（裏）
3針耳ぐけ
3
そでつけ止まりに1針
そで下に1針

[11] 閂留め

そでつけと身八つ口止まり6カ所に補強のため、閂留めをすることがある。まず、糸は1本使いで裏側あき止まりに針を出し、糸を0.3cmの長さ2本並べて渡し、糸の下に針をくぐらせて針先に糸をかけ、渡した糸いっぱいにかがり、裏側に針を抜いて玉留めをする（図31）。

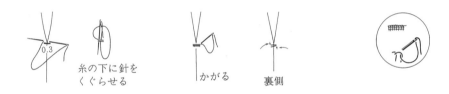

（図中）
0.3
糸の下に針をくぐらせる
かがる
裏側

図31　閂留め

7　仕上げ

アイロン仕上げは次の順序で行う。各縫い目のきせ山は正しく押さえ、肩山、すそなどの折り山は伸ばさないようにしてアイロンを軽く当てる（図32）。

また、色物などでアイロン光りする場合には、当て布をすること。

①そで

②えり裏側から

③えり下、すそ裏側から

④身ごろ全体、すそから上に裏側から

⑤背縫いに折りぐせ。0.4cm右身ごろを折り出す

⑥わき縫いに折りぐせ。0.4cm後ろ身ごろを折り出す

⑦おくみつけに折りぐせ。裏側0.4cm前身ごろを折り出す

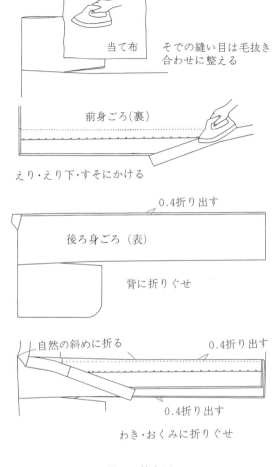

当て布

そでの縫い目は毛抜き
合わせに整える

前身ごろ（裏）

えり・えり下・すそにかける

0.4折り出す

後ろ身ごろ（表）

背に折りぐせ

自然の斜めに折る

0.4折り出す

0.4折り出す

わき・おくみに折りぐせ

図32　仕上げ

8　きもののたたみ方

　きものは平面構成であるため、平らにたためるのが特徴であり、直線裁ちを生かして方形にきっちりとたたむ。

　たたむ場所には、着つけ用シート・きもの用敷き紙・花ござ等を敷く。

　きものの折り目は、和装美を形成する要素なので大切に扱う。折り目が曲がったり、2本の折り目線が付いたりすることなどは見苦しいので注意する。各縫い目のきせ山はくずさないよう、折りぐせのとおりにたたむ。肩山・そで山等の折りは、もとどおりに整える。そのほか、横の折り目は身に着けた際に目立たないところを選んで折り、上質のきものには折り山に薄紙をはさんで、強い折り目が付かないようにする。紋・刺しゅう等の模様のある場合は、すれないように薄紙を当てるとよい。なお、たたむときのきものの向きは、えり肩あきを左手にして行う。

［1］本だたみ

本だたみは、基本的なたたみ方で、主として大裁長着に用いられる方法である。

◎たたみ方順序（図33−1・33−2）

①きものを広げて、右わきの折り山を平らに置き、右おくみをいくみつけの折り目どおりに折って右前身ごろの上に重ねる。えりは平らに整え、三つえり部分は身ごろ側に折る。

②左おくみを右おくみの上に、えり下をそろえて重ね、続けてえりも重ねる。

③左わきの折り目を持ち、右わきにそろえて重ね、背縫いの折り山を整える。

④左そでは、そでつけから身ごろの上に折り返して重ねる。

⑤すそ口を持ち、身たけのほぼ中央に手を当てて、しわにならないように二つ折りにする。

⑥たたんだまま裏返し、右そでを身ごろの上に重ねて整える。

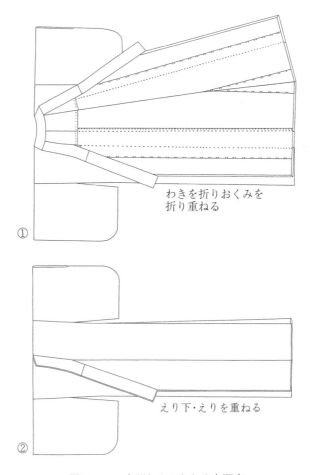

わきを折りおくみを
折り重ねる

①

えり下・えりを重ねる

②

図33−1　本だたみのたたみ方順序

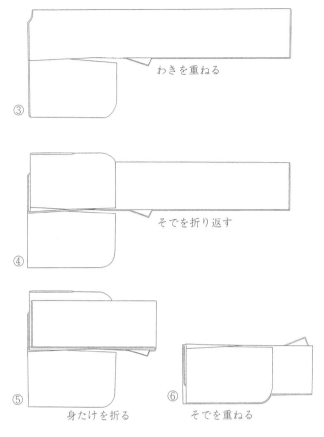

③ わきを重ねる

④ そでを折り返す

⑤ 身たけを折る　⑥ そでを重ねる

図33-2　本だたみのたたみ方順序

［2］夜着だたみ

　夜着だたみは、礼服類に多くみられる上前の刺しゅう・箔等を使った模様の部分を傷めないようにする場合、および本だたみでは、たたみにくい子供物長着・丹前などのときに用いる。

◎たたみ方順序（図34）

　①前身ごろを右、左の順に重ねてわき線をきちんと折り、えりは三つえり部分を中側に折り込んで整える。

　②そでを右、左の順に身ごろの上に重ねて折る。

　③身たけをほぼ五等分に折りたたむが、まず、すそを肩山から1/5程度のところに合わせて折り、さらに二つ折りにする。

　④身ごろの上部を折り重ねて整える。

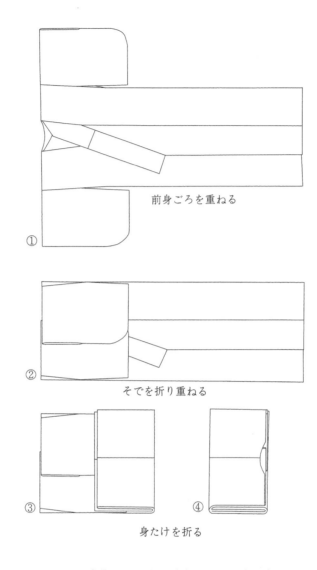

① 前身ごろを重ねる

② そでを折り重ねる

③　④ 身たけを折る

図34　夜着だたみ（礼服類）のたたみ方順序

［3］そでたたみ

そでたたみは、きものを脱いだあとや、寝間着等簡単にたたむときに用いる。

◎たたみ方順序（図35）

　①そでは2枚重ね合わせ、左右のわき線を合わせて折る。

　②両そでを身ごろの上に重ねて折る。

　③④身ごろのたけを三つ折りか、四つ折りにたたむ。

そのほかのきもののたたみ方は、図を参照して形よくたたむ。

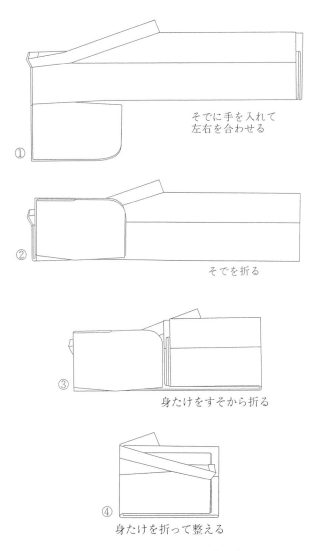

①　そでに手を入れて
　　左右を合わせる

②　そでを折る

③　身たけをすそから折る

④　身たけを折って整える

図35　そでだたみのたたみ方順序

② 絹仕立て

　絹で仕立てる場合、木綿と同様にしるすが、えりは広えりにする。また、揚げくりこしにしたり、総たけに余裕があれば、内揚げを付けた方が仕立て直しの場合など、都合がよい。

（1）揚げくりこしにする場合

　切りくりこしと同様の手順で布を置き、すそ口を裁ちそろえて前後身たけの中央にえり肩あき9cmをあける。次に、肩あきをくりこし寸法（2cm）だけ後ろ身ごろにずらして肩山を決め、ずらした身ごろは、肩山から50cmぐらいの位置にたるませておく。揚げ代のしるしは、身八つ口下2cm（肩山から40cmぐらい）のところに付ける。このとき、後ろ身ごろと前身ごろの間にボール紙を差し込んで、後ろ身ごろにだけしるす。ほかは、切りくりこしに同じ（図36）。

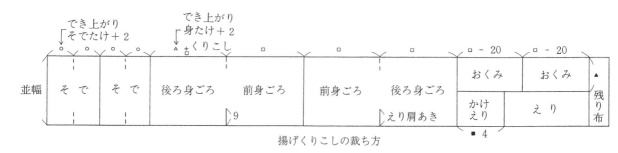

揚げくりこしの裁ち方

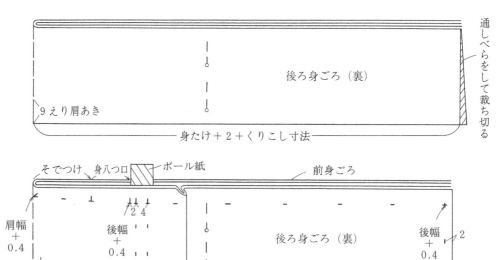

図36　後ろ身ごろ　揚げくりこし

（2）身ごろに内揚げをする場合

　内揚げは、身たけより長い分を前後身ごろでつまむ方法である。まず、布を正しく置き、木綿仕立てと同様にしるすが、内揚げ代を身八つ口下2cmにしるす。なお、前身ごろは内揚げをたたんでからしるす。揚げくりこし・内揚げの場合は、揚げ代をつまみ縫いし、きせ0.1cmですそ側に折る（図37）。

内揚げつきの裁ち方

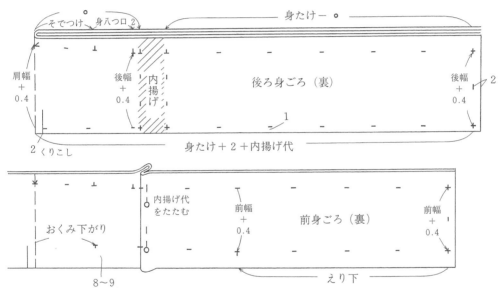

図37　身ごろに内揚げをする場合

（3）広えり

　木綿仕立てのばちえりに準じてしるしを付けるが、表えりの下に裏えりを重ねて置き、えり幅を広えり寸法11cmにする。裏えり布は、平絹・白新モス・化繊等を用いる（図38）。

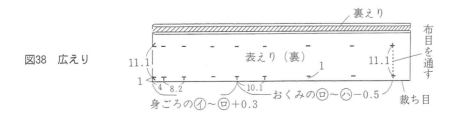

図38　広えり

■ 木綿仕立てとの相違点

絹仕立てにおける、木綿仕立てとの相違点は、以下のとおりである（図39）。

①背縫いは背伏せ布を付ける（二度縫いも用いる）。

②肩当ての代わりに力布を付ける（肩当ても用いる）。

③わき縫いは二度縫いにして、縫い代の始末は折り伏せぐけにする。

④おくみつけの縫い代始末は、折り伏せぐけにする。

⑤すそのつま先は額縁仕立てにする。

⑥えりは広えりに仕立てる（ばちえり仕立ても用いる）。

⑦そでの振りの始末は折り伏せぐけにする。

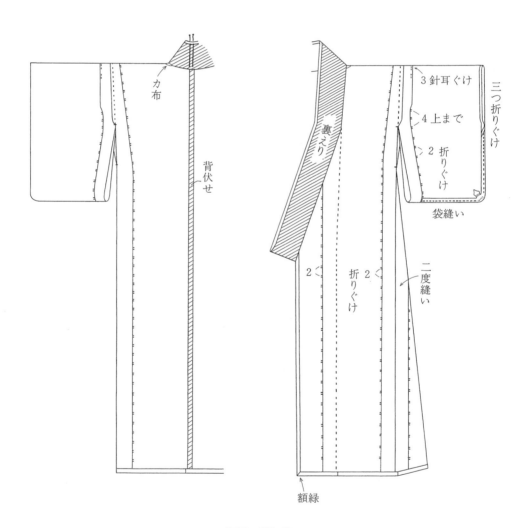

図39　縫い方

② 縫い方

［1］背伏せ布つけ

背伏せ布付けの方法は、ⓐ背伏せ布で背縫い代をくるむ方法と、ⓑ背伏せ布で背縫い代をくるみ、身ごろにくけ付ける方法の2種類がある。

（1）背伏せ布の作り方

裁ち方は、ⓐⓑの方法により、裁ち切り身たけ分だけ用意する。接ぎ合わせ方は、布端を2cm斜めに裁ち落とし、0.5cmの縫い代で割り接ぎにする。市販品もある（図40）。

（2）背伏せ布の付け方

まず身ごろの背縫いに待ち針を打ち、背伏せ布を身ごろの向こう側に合わせて0.5cmの縫い代で待ち針を打ち直す。釣り合いは背伏せ布をつらさないように平らに合わせる。このとき、背伏せ布は三つえりじるしより0.5cm手前から、すそは身ごろの裁ち目より2.2cm短く裁つ。背縫いは、背伏せ布と身ごろの3枚で木綿仕立てと同様に縫い、きせ0.2cmで縫い代を左身ごろに折り、背伏せ布はきせ0.1cmで整える。

次に、ⓐは背縫いで背伏せ布でくるみ、縫い目より0.1cm手前で折り込み、背縫い代にくけ付ける。ⓑは背縫い代を身ごろに折り倒して背伏せ布をくるみ、身ごろに1cm間隔でくけ付ける（図41・42）。

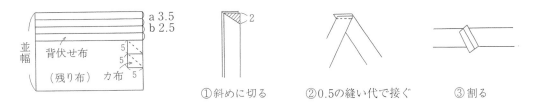

図40　背伏せ布作り

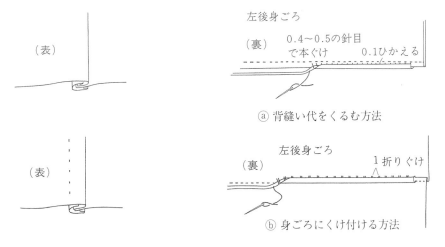

図41　背伏せ布つけ

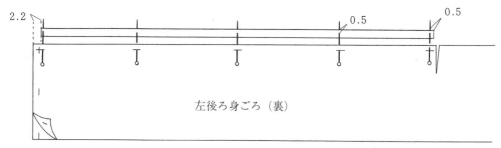

2.2　　　　　　　　　　　　　　　　　　　　0.5　　　0.5

左後ろ身ごろ（裏）

① 背伏せ布を合わせて待ち針

左後ろ身ごろ

② しるしどおり縫う

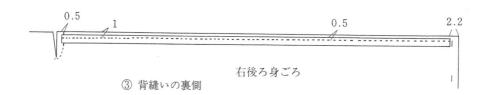

0.5　　1　　　　　　　　　　　　　0.5　　　2.2

右後ろ身ごろ

③ 背縫いの裏側

きせ0.2

左後ろ身ごろ

④ きせ0.2で左に折る

きせ0.1

左後ろ身ごろ

⑤ 背伏せ布は0.1のきせ

図42　背伏せ布の付け方

［2］力布つけ

　力布は5cm正方に2枚裁ち、中表に三角に折り三日月形に縫い絞り、えりつけじるし
より0.5cm出してとじ付ける（図43）。

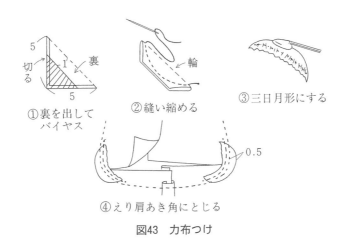

①裏を出して
　バイヤス

②縫い縮める

③三日月形にする

④えり肩あき角にとじる

図43　力布つけ

［3］わき縫い

　わきは二度縫いする。まず、木綿仕立てと同様にわきを縫い、次にその縫い目より0.4cm
外側をもう一度平行に縫うが、わき縫い止まりより4cm手前で1針返して留める。縫い
代はきせ0.2cmで前身ごろに折り、後ろ身ごろの縫い代を二度縫い目から開き、縫い代の
端を0.7cmほど折って肩までぐるりとくけ付ける。このとき、すそから2.2cmのところ
で折り代に切り込みを入れ、身八つ口はしるしどおりに折り、そでつけ縫い代は木綿仕立
てと同じく0.5cm折り出して整える（図44－1・44－2）。

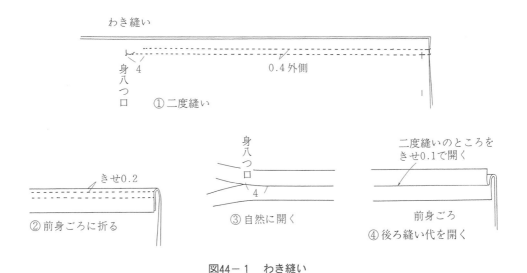

①二度縫い

②前身ごろに折る

③自然に開く

④後ろ縫い代を開く

図44－1　わき縫い

⑤0.5折り出す

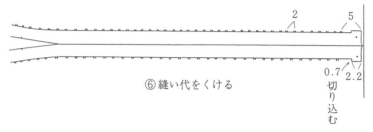

⑥縫い代をくける

図44-2　わき縫い

［4］おくみつけ

木綿仕立てと同様に縫い、縫い代はきせ0.2cmでおくみに折り、始末はわき縫い始末と同じく折り伏せぐけにする（図45）。

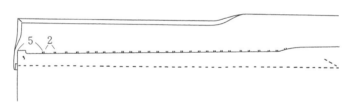

図45　おくみつけ

［5］すそぐけ・えり下ぐけ
（1）額縁の作り方

すそのつま先角は額縁の形に仕立てるが、おくみつけの前に作ってもよい。まず、つま先のしるしを付け、㋑と㋺に縫い針を通して、輪留めをして㋑〜㋩間を半返しで細かく縫い、2〜3針返し留めにする。縫い代は割り、表返してつま先角に引き糸を付ける。すそとえり下の縫い代を折り込んで、5cmほど仮しつけで押さえる（図46-1）。

（2）すそぐけ・えり下の三つ折りぐけ

すそぐけとえり下ぐけは、木綿仕立てに準じる。上前のえり下からすそ、次に下前のえり下と続けて三つ折りぐけでくける。つま先角は1針斜めに返しぐけにする（図46-2）。

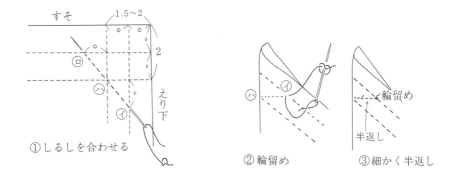

① しるしを合わせる ② 輪留め ③ 細かく半返し

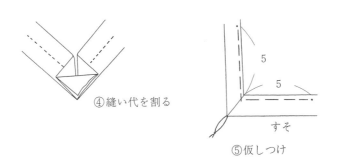

④ 縫い代を割る ⑤ 仮しつけ

図46-1 額縁の作り方

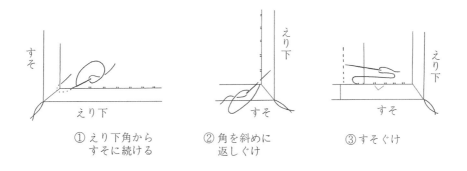

① えり下角から
すそに続ける

② 角を斜めに
返しぐけ

③ すそぐけ

図46-2 すそぐけ・えり下ぐけ

［6］えりつけ

（1）えりつけ準備

木綿仕立て（p.57）参照

（2）待ち針の打ち方

木綿仕立て（p.60）参照。表えりと身ごろを中表に合いじるしを合わせて、木綿仕立てと同じ要領で待ち針を打つ。次に、裏えりの表を身ごろの裏側に合わせて待ち針を打つ。釣り合いは表に合わせる（図47－1）。

（3）縫い方

木綿仕立て（p.60）の要領で縫い、えりを表返して表側からえりにきせ0.1cmをかける。また、裏えりにもきせ0.1cmをかけて整える。

（4）三つえり芯入れ

木綿仕立て（p.61）参照

（5）えり先の始末

えり先留めは、1本糸で①表えりのきせ山に針を入れ、②えり下の折り山ぎわに通し、③裏えりの折り山を布目2～3本えり先に向けて縦にすくい、④戻りはえり下を通らず、①のきわに戻り、始めの糸と結び合わせる。留め糸は2cmの長さに切り、より合わせておく。

えり先縫いは、表えりと裏えりを中表に合わせて幅じるしに待ち針を打ち、しるしより0.5cm外側を幅じるしまで縫い、返し留めにする。えり先縫い代は、留めからきっちりと裏えり側に折り、えり先縫い代の10%ほどに引き糸を付ける。

次に、表えりをでき上がり幅に折るが、縫い代はすべて表えりに含める。裏えりから0.5cm控えて折り、えり先は3cmほどの間でつま形に整えて図の順序で待ち針を打つ。えりぐけは、0.5～0.6cmの針目で本ぐけし、くけ始めとくけ終わりは返しぐけにする。（図47－2）

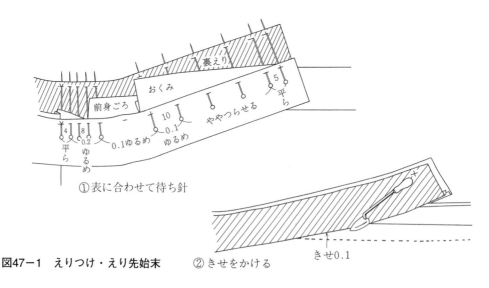

図47－1　えりつけ・えり先始末　②きせをかける

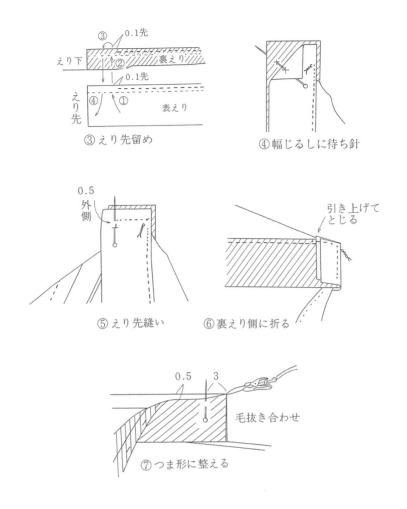

③ えり先留め

④ 幅じるしに待ち針

⑤ えり先縫い

⑥ 裏えり側に折る

⑦ つま形に整える

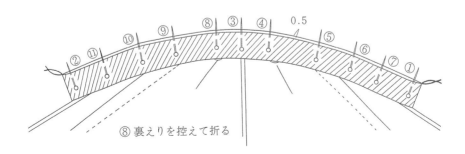

⑧ 裏えりを控えて折る

図47−2　えりつけ・えり先始末

［7］かけえりつけ

かけえりつけの縫い代をしるしどおりに折り、地えりの上にのせて木綿仕立てと同じ要領で待ち針を打つ。えり先はしるしより0.5cm外側を縫うが、えり幅を二つに折るだけのゆるみ分を入れる。次に、えりつけ側を0.5〜0.6cmの針目で木綿仕立てと同じ要領で本ぐけし、裏のえりぐけ側も同じようにくける（図48）。

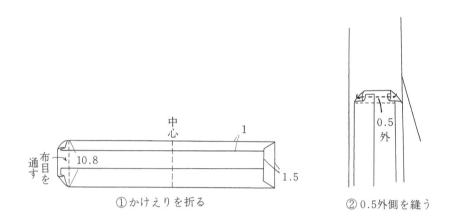

①かけえりを折る　　　②0.5外側を縫う

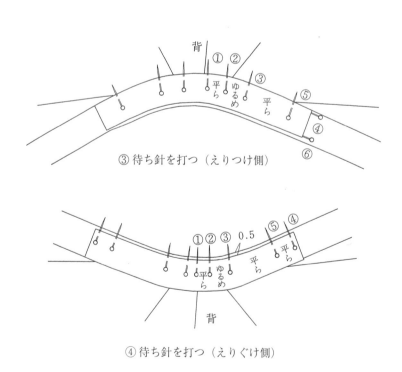

③待ち針を打つ（えりつけ側）

④待ち針を打つ（えりぐけ側）

図48　かけえりつけ

［8］えり糸つけ

　白絹糸 2 本を 80cm ほど針に通して二つ折りにし、4 本の糸を 30cm ほどにより合わせる。次に、えり玉の位置でえり幅を二つ折りにして 0.5cm の針目で 1 針すくい上げ、えり幅を開いて 1cm ほどのところで結び山を作り、0.5cm 残して糸を切る。着用時は、2 本の糸を結び合わせる。スナップでもよい（図 49）。

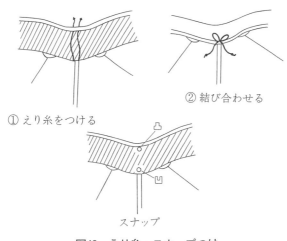

① えり糸をつける

② 結び合わせる

スナップ

図49　えり糸・スナップつけ

［9］そでつけ

　木綿仕立て（p.65）参照。木綿仕立てと同じ要領で縫い、振りの始末は縫い代の端を 0.5 〜 0.7cm 折って、そでつけ止まりから 1 針奥までくける。そで山の縫い代は耳ぐけ 3 針で留める。

ウールは、そでつけ・わき縫いを割り仕立てにするので、きせ代分を除いて同様にしるす。えりは、ばちえりでも広えりでも自由でよい。

■ 絹仕立てとの相違点

①そで口は、まつりぐけにすることがある。

②わき縫いは、割り仕立てにする。

③そでつけは、割り仕立てにする。

■ 縫い方順序（図50）

（1）手縫いの場合

①そで　②背縫い　③力布つけ　④わき縫いおよび始末　⑤額縁作り　⑥おくみつけおよび始末　⑦えり下およびすそぐけ　⑧えりつけおよび始末　⑨かけえりつけ　⑩そでつけおよび始末　⑪えり糸・スナップつけ

（2）ミシン縫いの場合

①背縫い　②力布つけ　③額縁作り　④おくみつけおよび始末　⑤えりつけおよび始末　⑥かけえりつけ　⑦そでつけ　⑧わき縫いおよび始末　⑨そで縫いおよび始末　⑩すそぐけ　⑪えり糸・スナップつけ

■ 縫い方

縫い方は絹仕立てに準じるので、相違点だけを挙げる。ミシン縫いの場合、ミシン針はNo. 9を用い、針目は4目/cmほどにして、つらせないように縫う。縫いつれを防ぐために、薄紙をはさんで縫ってもよい。糸は、羽二重糸や化繊糸を用いる。

［1］そで

そで口は三つ折りぐけで始末するが、そで口の裁ち目や耳糸が目立つ場合、四つ折りにして0.3cmの間隔でたてまつりにする（図51・52）。

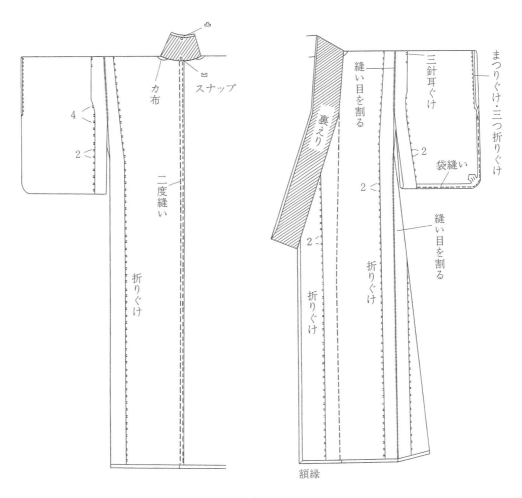

図50　縫い方

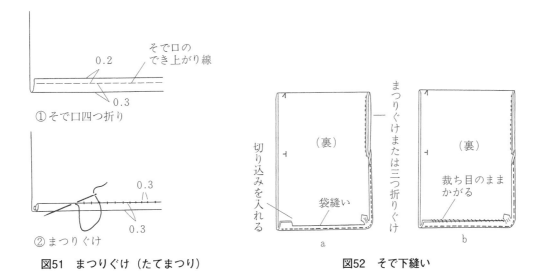

①そで口四つ折り

②まつりぐけ

図51　まつりぐけ（たてまつり）

図52　そで下縫い

［2］わき縫い

手縫いの場合は、10cm おきに小さく1針返して糸のゆるみを止める。縫い代は割って整える（図53）。

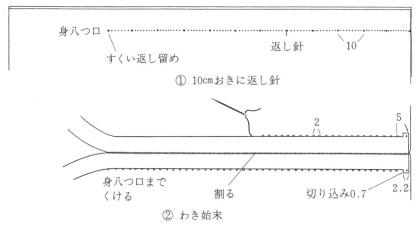

図53　わき縫いおよび始末

［3］そでつけ

わき縫いと同じ要領で縫い割る（図54）。

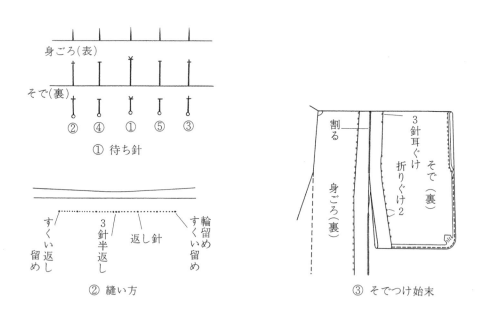

図54　そでつけおよび始末

［4］えりスナップつけ

えりたけ中央のえりつけ位置より 0.5cm ほど内側に、スナップを白糸で付ける。絹仕立て（p.83）参照。

［5］すそぐけ

わき縫いが割り仕立てなので、すそぐけはわき縫い目に渡して針目を出す（図55）。

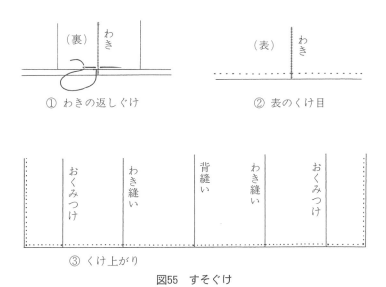

① わきの返しぐけ　　　② 表のくけ目

③ くけ上がり

図55　すそぐけ

4 薄物仕立て

薄物は表からも裏側からも透けて見えるので、きれいに仕立てる。

1 絹仕立てとの相違点 （図56）

①そで口をよりぐけにする（三つ折りぐけも用いる）。

②おくみを折りづけにして縫い目を隠す。

③特に透ける布の場合、表えりに裏打ちをする。

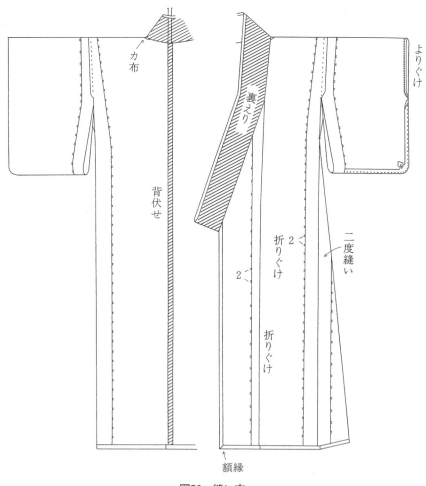

図56 縫い方

② 縫い方

縫い方は絹仕立てに準じるので、相違点だけを挙げる。

［1］ そで

そで口は耳端から固くより上げ、0.3cm 間隔にたてまつりの方法でよりぐけにする（図57）。

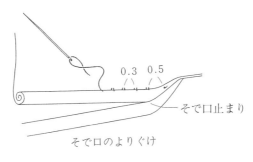

0.3　0.5

そで口止まり

そで口のよりぐけ

図57　そで口ぐけ

［2］ おくみつけ

おくみと身ごろを中表に合わせて縫うが、身ごろはおくみつけのしるしより 0.5cm 折り出して待ち針を打ち、木綿仕立てと同じ要領で縫う。縫い代はきせ 0.2cm でおくみに折り、平らに広げてから身ごろの縫い代をきせ 0.1cm で折り開いて整え、初代の端は折り伏せぐけにする（図58 － 1・58 － 2）。

［3］ えりつけ

裏打ち布を付ける場合は、表えりの裏側に表と同色の裏打ち布を重ね、裁ち目から0.5cm 内側を 1cm ほどの針目で粗く縫い付けてから、えりのしるしを付け、えりつけを行う（図59）。

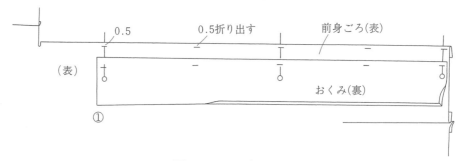

図58－1　おくみつけ

図58－2　おくみつけ始末

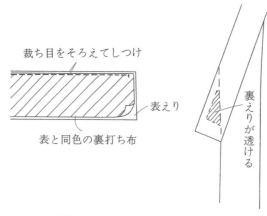

図59　えりの裏打ち布のつけ方

2 大裁男物ひとえ長着

　男物ひとえ長着は、着たけに仕立てて帯1本で着付けるのが特徴である。主に家庭での
くつろぎ着として用いられるが、最近は若者のレジャー着として利用されることが多い。

1 形と名称

　形の特徴として、着たけに仕立てるために仕立て直しの余裕として内揚げのあること、
そでの人形が縫いふさがれており、ポケット状になっていること、実用的にいしき当てを
付けることなどが挙げられる（図1−1・1−2）。

2 女物との相違点

①女物は身長に仕立てて、おはしょりをして着つけるが、男物は帯の位置に内揚げをし
　て着たけ（対たけ）に作る。

②そでつけは長く、女物の身八つ口、振り八つ口は男物では縫いふさがれており、振り
　の部分は人形になっている。

③各部寸法では、そで幅・肩幅・そでつけ・そで口・ゆき・後ろ幅・前幅・かけえりた
　けが女物より多く、おくみ下がり・えり下は少ない。

④えりは狭えりで、裏えりまたはえり先布を付ける。かけえりは、帯を腰で締めるため
　女物より長く付ける。

3 でき上がり寸法

（1）採寸箇所

①身長　②ゆき　③腰囲

（2）でき上がり寸法

でき上がり寸法表の割り出し方を用いて、各自の寸法を決める（表1）。

4 材料

（1）表布・肩当て・三つえり芯

女物ひとえ長着に準じる（p.38参照）。

（2）いしき当て

①地質－晒木綿・新モス・表の残り布

②用尺－並幅 たけ 50cm

（3）裏えり、またはえり先布

①地質－晒木綿・新モス

②用尺－幅 18cm たけ 180cm（えり先布は並幅 30cm）

（4）糸

地色に合わせた綿手縫い糸、またはカタン糸 30 番

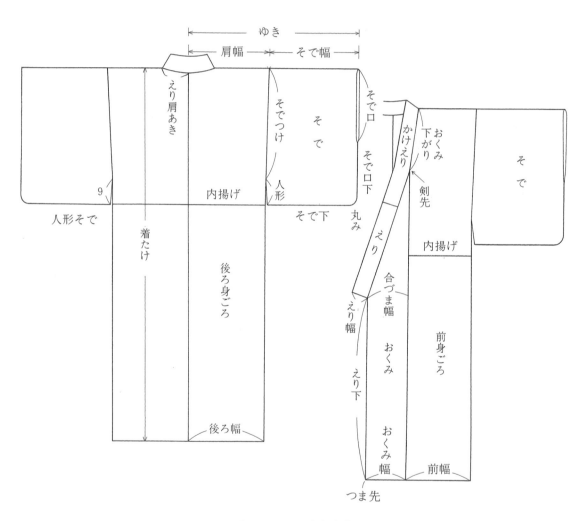

図1－1　形と各部名称

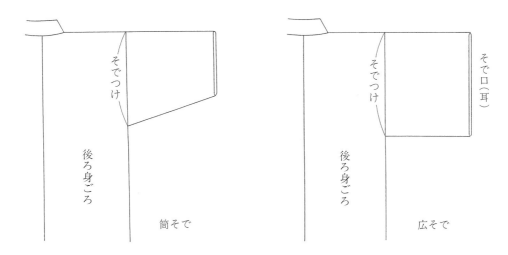

筒そで　　　　　　　　　　　　　　　　　　広そで

図１－２　そでの形

表１　でき上がり寸法（参考寸法は身長169・腰囲94・ゆき66の例）

(cm)

名　　称		参考寸法	各自寸法	割　り　出　し　方
そ　で　た　け		50		そでつけ＋人形（10内外）
そ　で　口		27		そでたけ×$\frac{1}{2}$＋2
そ　で　つ　け		40		身長×$\frac{1}{4}$－2
そ　で　幅		34		ゆき×$\frac{1}{2}$＋1～2
そ　で　丸　み		2		標準寸法
着　た　け		142		身長×$\frac{84}{100}$
え　り　下		71		着たけ×$\frac{1}{2}$～着たけ×$\frac{1}{2}$－2
お　く　み　下　が　り		19～21		標準寸法21　肥満体　19
え　り　肩　あ　き		8.5～9		標準寸法8.5　肥満体　9
ゆ　　き		66		第7頸椎～尺骨茎突点（女ものに同じ）
肩　　幅		32		ゆき－そで幅
後　　ろ　　幅		30		（腰囲－前腰幅）×$\frac{1}{2}$＋3
前　　腰　　幅		40		腰囲×$\frac{1}{2}$－7
前　　幅		25		前腰幅－おくみ幅
お　く　み　幅		15～16		腰囲96以下…15、97～99…15.5、100以上…16
合　づ　ま　幅		15～16		同上
え　り　幅		5.5～6		身長170以上6
内揚げ位置	後	50		そでたけと同寸
	前	54		後位置＋4

5 裁ち方

［1］裁ち方準備
女物ひとえ長着、裁つ前の準備ほか（p.16）参照。

［2］裁ち切り寸法の決め方
①そでたけ：でき上がりそでたけ＋縫い代2

②身たけ：着たけ＋内揚げ代10＋すそくけ代2

③おくみ下がり：でき上がりおくみ下がり－おくみ先縫い代2

④おくみたけ：裁ち切り身たけ－裁ち切りおくみ下がり17〜19

⑤おくみ幅：でき上がりおくみ幅＋縫い代3

⑥えりたけ：でき上がり身たけ－えり下＋えり肩あきとえり先縫い代14

⑦えり幅：並幅－裁ち切りおくみ幅

⑧かけえりたけ：でき上がりえり肩まわり＋でき上がりおくみ下がり＋剣先下がり15
　　　　　　　＋縫い代2

⑨えり肩あき：でき上がりえり肩あき8.5＋背縫い代

＊必要たけ：裁ち切りそでたけ×4＋裁ち切り身たけ×6－裁ち切りおくみ下がり×2

［3］裁ち方
　男物の柄は女物に比べて小柄で総柄のものが多いので、柄合わせはほとんど必要なく、布端から折り積って裁つ。肩当て・いしき当て（表の残り布が少ない場合）・えり先布・三つえり芯は、図のとおりに裁つ（図2）。

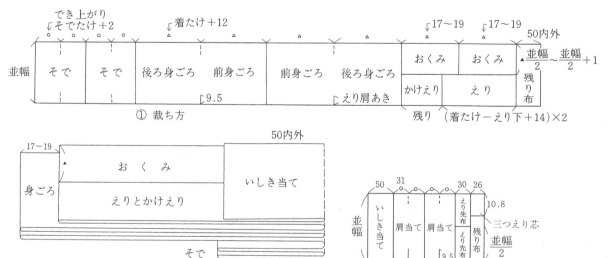

① 裁ち方

②折り積り方　　図2　裁ち方

③ 肩当て・いしき当て・えり先布
　　三つえり芯の裁ち方

94

6 しるしつけ

［1］そで

◎しるしつけ順序

①そでたそでけ　②そで口　③そでつけ
④そで口縫い代　⑤そで幅　⑥丸み　⑦山
じるし　（図3）

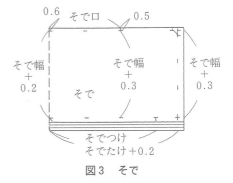

図3　そで

［2］身ごろ

（1）後ろ身ごろ

◎しるしつけ順序

①裁ち切り身たけ寸法を確かめる　②すそくけ代　③そでつけ　④背縫い　⑤肩幅　⑥
後ろ幅　⑦⑤と⑥を結んでしるす。肩幅と後ろ幅の差が3cm以上の場合は女物（p.45）
参照　⑧山じるし　⑨内揚げは肩山を2cm後ろ身ごろにずらして、前後の差をつけて
しるす。

内揚げ代＝裁ち切り身たけ−（着たけ＋すそくけ代2）　（図4）

（2）前身ごろ

◎しるしつけ順序

①前内揚げをたたむ　②おくみ下がり　③抱き幅　④えり下　⑤前幅　⑥③と④を結ん
でしるす　⑦えり肩まわり　（図5）

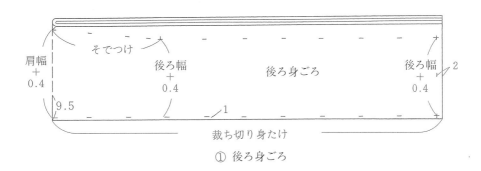

① 後ろ身ごろ

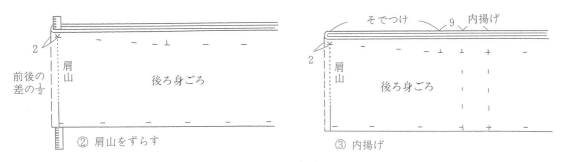

② 肩山をずらす　　　　③ 内揚げ

図4　後ろ身ごろ

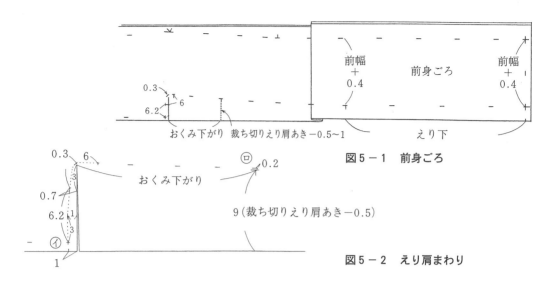

図5−1　前身ごろ

図5−2　えり肩まわり

［3］おくみ

◎しるしつけ順序

①すそぐけ代　②おくみたけ　③えり下　④えり下くけ代　⑤おくみ幅　⑥おくみ先縫い代　⑦⑤と⑥を結んでしるす　⑧おくみ先きせ代0.3cm　⑨③と⑧を結んでしるす　⑩合じるし　（図6）

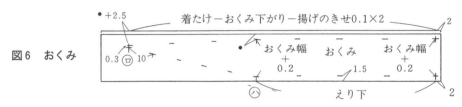

図6　おくみ

［4］えり

◎しるしつけ順序

①えりたけ⑦〜⑩　②えりたけ⑩〜⑧　③合じるし　④えりつけ縫い代　⑤えり幅　⑥山じるし　（図7）

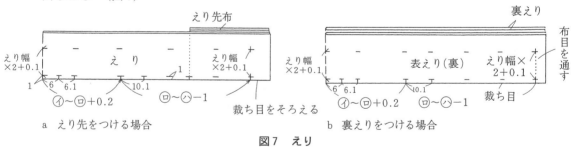

a　えり先をつける場合　　　b　裏えりをつける場合

図7　えり

［5］かけえり

◎しるしつけ順序

①えり先1.5cm　②くけ代　③山じるし　（図8）

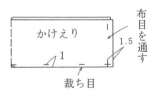

図8　かけえり

7 縫い方

1 木綿仕立て

◎縫い方順序（図9）

①そで縫い　②背縫い　③内揚げ
④肩当てつけ　⑤いしき当てつけ
⑥わき縫いおよび始末　⑦えり下ぐ
け　⑧おくみつけおよび始末　⑨す
そぐけ　⑩えりつけおよび始末　⑪
かけえりつけ　⑫そでつけおよび始
末

[1] そで

（1）そで下中縫い

　そで下の裁ち目を外表に合わせてし
るしに待ち針を打ち、縫い代0.3cmで
両端を残して縫い、きせ0.2cmで片返
しに折って裏返し、きせ山を毛抜き合
わせに整える（図10－①）。

（2）人形・そで下。そで口下縫い

　各しるしを合わせて待ち針を打ち、
人形からそで口下まで続けてしるしど
おり縫う。まず、人形は1針返して縫

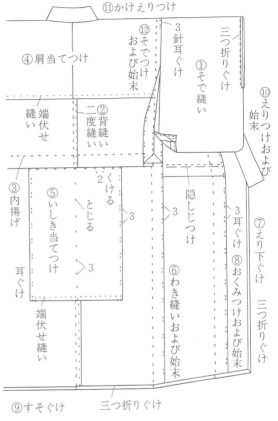

図9　縫い方順序（裏）

い始め、人形の角はしるしより半針先まで縫い、糸こきをする。そで下は半針手前から縫
い始めるので、人形の角はしるし上で糸がクロスするようになる。丸みの間は小針に縫い、
始めと終わりで小針に1針返して糸を少しつらせ、そで口はすくい返し留めをする。縫い
代は、そで口下0.1cm、そで下・人形は0.2cmのきせで前そで側に折る（図10－③④⑤）。

（3）丸みの始末

　丸みの縫い目から0.4cm外側に2.6cmのしるしを付ける。縫い糸2本で2.6cm間を6
針すくって縫い、0.1cm外側を縫い戻り糸を引き締める。次に、丸み型を入れて丸みを整え、
縫い縮めたあたりをこての柄などで平らにつぶし、こてを当てる（図11）。

（4）人形の始末

　縫い代は、そで下、人形の順に直角に折り、そで下縫い代にとじ付ける。表返して各縫
い目毛抜き合わせに整え、角に引き糸をつけ直角に仕上げる（図12）。

（5）そで口ぐけ

　そで口は三つ折りぐけで始末する。女物（p.50）参照。

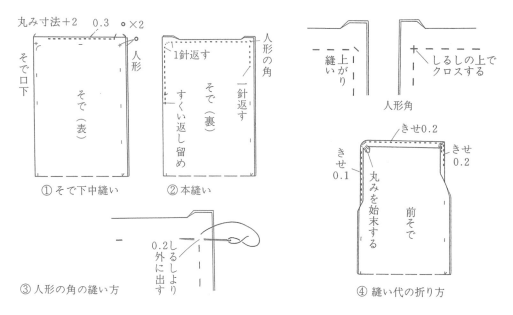

図10 そで縫い

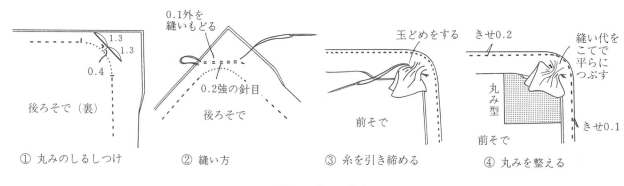

① 丸みのしるしつけ　② 縫い方　③ 糸を引き締める　④ 丸みを整える

図11 丸みの始末

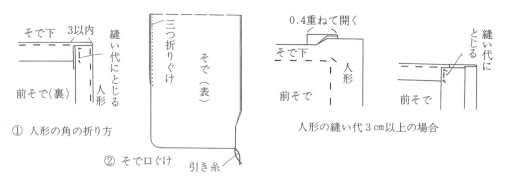

① 人形の角の折り方　② そで口ぐけ　人形の縫い代3cm以上の場合

図12 人形の始末とそで口ぐけ

［2］ 背縫い

　後ろ身ごろを中表に合わせてしるしどおりに待ち針を打ち、えり肩あきから0.5cmほど残して縫い始め、すそは横に1針かけて縫い留める。次に、肩当て・内揚げ・いしき当ての部分を縫い残して二度縫いし、縫い代はえり肩あきを右手に持って、きせ0.2cmで手前（左身ごろ）に折る（図13）。

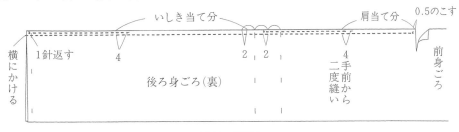

図13　背縫い

［3］ 内揚げ

（1） 後ろ揚げ

　後ろ身ごろの揚げを中表につまみ、背縫いのきせ山をそろえ、わきじるしを合わせて待ち針を打つ。次に、わきじるしより1針（0.4cm）手前から1針返して縫い始め、しるしどおり小針（0.2cm）で縫い、背縫いで1針返し、続けてわきじるしの1針先まで縫い、1針返して打ち留めする。縫い代はきせ0.1cmですそに折る（図14）。

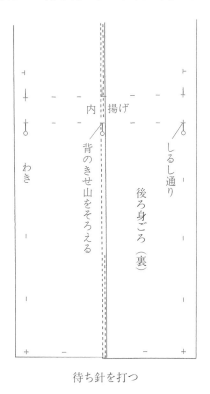

待ち針を打つ

①縫い方

図14－1　後ろ内揚げ

（2）前揚げ

　前身ごろの揚げじるしに待ち針を打ち、端から端までしるしどおりに縫う。両端は横に1針かけて留める。縫い代はきせ0.1cmですそに折り、隠しじつけをかける（図15）。

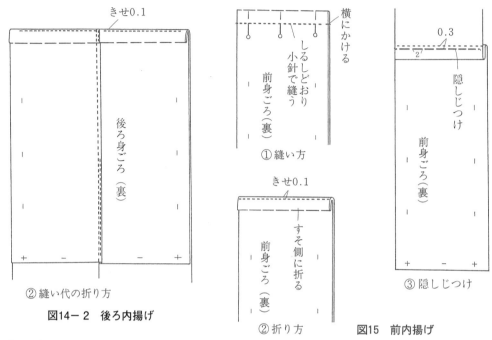

②縫い代の折り方

図14－2　後ろ内揚げ

①縫い方

②折り方

③隠しじつけ

図15　前内揚げ

［4］肩当てつけ

女物ひとえ長着に準じる。女物（p.52）参照。

［5］いしき当てつけ（図16）

（1）いしき当て作り

　いしき当ての下部にロックミシンをかけて1cm折り、端伏せ縫いで始末し、中表にして布幅を二つ折りにして中央に折りぐせを付ける。

（2）とじ方

　背縫いの向こう側にいしき当てを内揚げの揚げ山位置より2cm手前から平らに合わせて待ち針を打つ。次に、背縫い目の0.1cm外側を表0.1cm、裏3cmの針目でとじ付け、横に2針かけて留める。

（3）始末

　身ごろを開いていしき当てを平らに落ち着け、両横に待ち針を打ち、耳ぐけで始末する。下部は横に糸をかけてしっかりと留める。

　上部の始末は、内揚げ代をいしき当ての上に重ねて待ち針を打ち、揚げ代の折り山より少し（0.1cm）内側を2cm間隔で身ごろの表まで小針を出してくけ付ける。両端は1針返して留める。

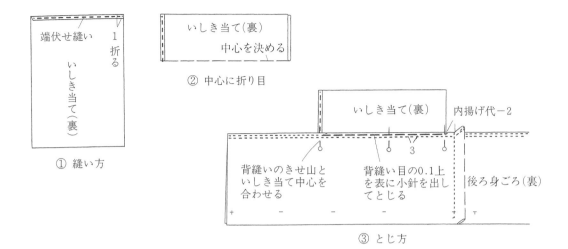

① 縫い方

② 中心に折り目

③ とじ方

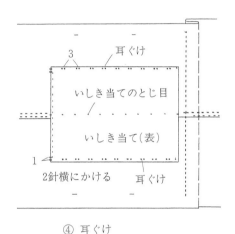

④ 耳ぐけ

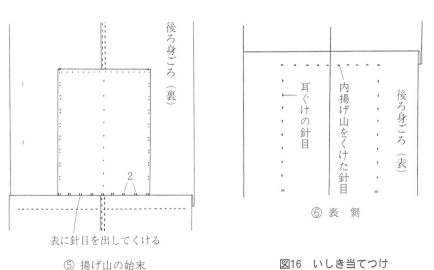

⑤ 揚げ山の始末

⑥ 表 側

図16 いしき当てつけ

［6］わき縫い

（1）わきの縫い方

　前・後ろ身ごろのわきを中表に合わせてしるしどおりに待ち針を打つ。次に、すそで1針横にかけて縫い始め、そでつけじるしまでしるしどおりに縫う。すそのしるし、前・後ろ内揚げのきせ山では1針返し、そでつけ止まりは返し留めにする。縫い代はきせ0.2cmで前身ごろ側に折る（図17 − 1）。

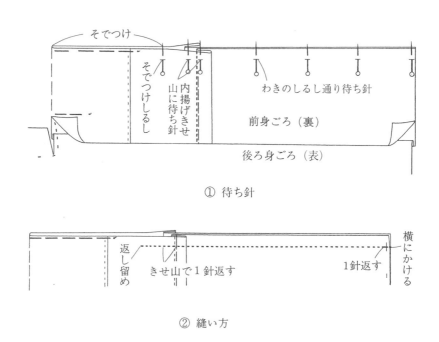

① 待ち針

② 縫い方

図17− 1　わき縫い

（2）縫い代の始末（図17 − 2）

①後ろの縫い代をわき縫い目から0.4cm重ねて後ろ揚げ山まで折り開き、後ろ揚げの縫い代を開いて三角に折りたたむ。このとき、そでつけ止まりでは縫い目いっぱいに開く。

②そでつけ4cm下の位置から折り山を隠しじつけで押さえる。三角の底辺の耳は横に2針かけて留める。

③揚げ代が少ない場合や多い場合は、それぞれ図のように折り開き、②と同じように隠しじつけで押さえる。

④そでつけ縫い代は、そでつけ止まりから5cmのところで0.5cm折り出す。そでつけ縫い代が1.5cm以下の場合はそでつけ止まりあたりの縫い代がつれないように、斜めに自然に折り開く。

⑤前後の縫い代を耳ぐけで始末する。

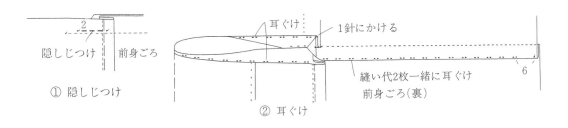

① 隠しじつけ

② 耳ぐけ

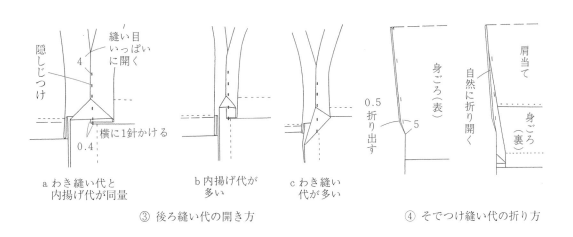

a わき縫い代と
　内揚げ代が同量

b 内揚げ代が
　多い

c わき縫い
　代が多い

③ 後ろ縫い代の開き方

④ そでつけ縫い代の折り方

図17-2　縫い代の始末

［7］ えり下ぐけ

えり下は三つ折りぐけで始末する。女物（p.57）参照。

［8］ おくみつけ

おくみと前身ごろを中表に合わせて、しるしどおり待ち針を打って縫う。このとき、肩当てを外しておき、すそで1針横にかけて縫い始め、揚げ山で1針返し、おくみ先で1針返して斜めに縫い上げて打ち留めする。縫い代は、きせ0.2cmでおくみ側に折り、耳ぐけで始末する（図18）。女物（p.57）参照。

［9］ すそぐけ

すそは三つ折りぐけで始末する。女物（p.58 〜 59）参照。

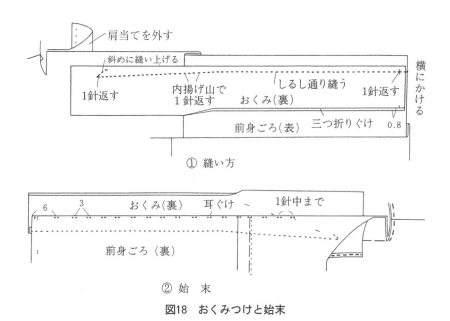

① 縫い方

② 始末

図18　おくみつけと始末

[10] えりつけ

（1）えりつけ準備。女物木綿仕立て（p.57）参照。

（2）待ち針の打ち方

　表えり身ごろを中表にして合いじるしを合わせ、待ち針を打つ。次に、裏えりまたはえり先布を身ごろの裏側に合わせて待ち針を打ち直す（図19 - 1）。

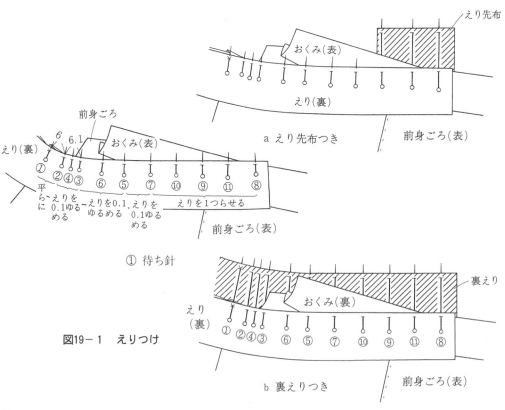

a えり先布つき

① 待ち針

b 裏えりつき

図19－1　えりつけ

（3）縫い方

　縫い始めは輪留めにして2cm半返し縫いにし、剣先の2cm手前まで縫い、糸こきを十分行う。続けて剣先まで半返し縫いにして、その先はおくみの縫い代を外して縫う。えり肩まわりは小針で縫うが、えり肩あき角では3針半返しにし、背縫いのきせ山で1針返して下前のえりつけは縫い終わる。

　続けて上前を下前と同様に縫い、縫い終わりはすくい返し留めにする。次に、縫い目に平ごてを当ててからえりを表に返し、表側からえりにきせ0.1cmをかける。また、えり先布は表側からきせなしで折る（図19－2）。

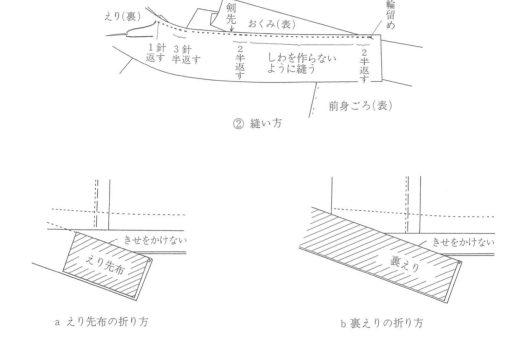

えり（裏）　剣先　おくみ（表）　輪留め

1針返す　3針半返す　2針半返す　しわを作らないように縫う　2針半返す

前身ごろ（表）

② 縫い方

きせをかけない　えり先布
きせをかけない　裏えり

a　えり先布の折り方　　　　b　裏えりの折り方

図19－2　えりつけ

（4）三つえり芯入れ

　女物と同じ要領でとじ付ける。（p.61）参照。

（5）えり先の始末

　えり先留めは1本糸で、①表えりのきせ山に針を入れ、②えり下の折り山ぎわに通し、③裏えりの折り山を布目2～3本えり先に向けて縦にすくい、④戻りはえり先を通さず、①のきわに戻り、始めの糸と結び合わせて糸を2cmの長さに切り、より合わせる。

　えり先の縫い方は、①表えりと裏えりを中表に合わせて、表えりは幅じるしどおりに、裏えりは幅じるしより0.4cm内側に待ち針を打ち、裏えりをつらせる。②しるしより0.5cm

外側を幅じるしまで縫う。③えり先縫い代は、留めからきっちりと裏えり側に折り、縫い代の1/10ほど引き上げてえり先縫い代にとじる。④えり先を表返して毛抜き合わせに整え、えり幅に折る。⑤えり幅の角を斜めに折って折り山をくけつけ、さらに2針ほど縫い代を押さえる（図19－3）。

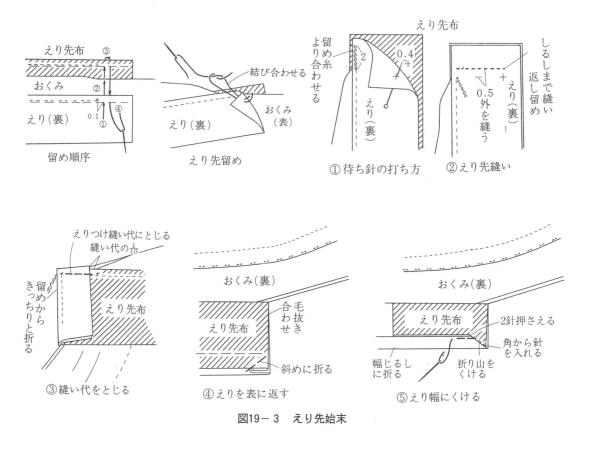

留め順序　　　　　えり先留め　　　①待ち針の打ち方　　②えり先縫い

③縫い代をとじる　　④えりを表に返す　　⑤えり幅にくける

図19－3　えり先始末

（6）えりぐけ

えりとつけこみの縫い代を平らに整え、でき上がりえり幅に折り上げ、背中心から順に待ち針を打つ。

えりぐけは下前えり先1cmのところからくけ始めるが、えり幅の折り山から0.1cm中に針を抜き、おくみに落として1針小さくすくい、次に、えり幅をえり先に向かって1針すくい、再びおくみをすくってしっかりと留め、その糸で続けてくける。くけ方はえり幅の折り山側は折り山より0.2cm内側を、えりつけ側はえり先布の折り山ぎわをすくって0.5～0.6cmの針目で本ぐけする。

なお、えり先布以外のところは、えりつけ縫い目の位置にくけ付ける。くけ終わりの上前えり先は、下前と同様にえり先1cm手前で返しぐけをしてから4～5針くけ戻り、打ち留めをして糸を中に引き込む（図19－4）。

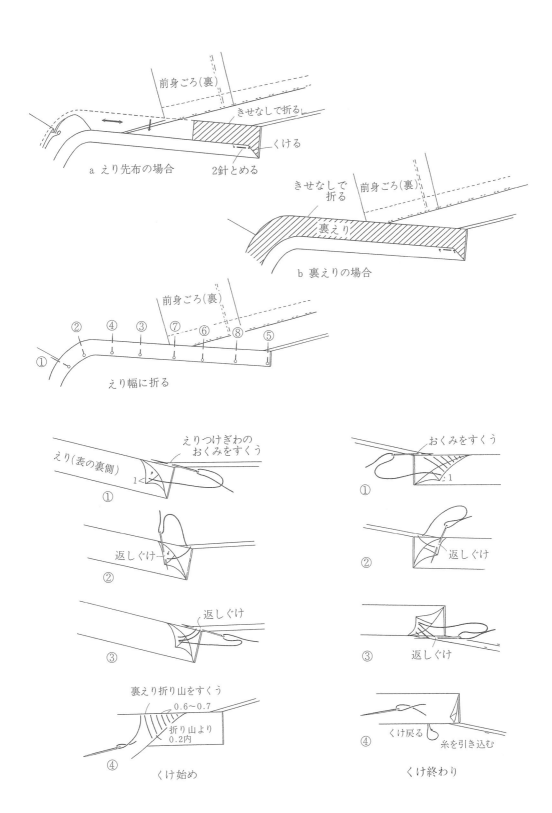

前身ごろ(裏)

きせなしで折る

くける

2針とめる

a えり先布の場合

きせなしで
折る

前身ごろ(裏)

裏えり

b 裏えりの場合

前身ごろ(裏)

② ④ ③ ⑦ ⑥ ⑧ ⑤
①

えり幅に折る

えりつけぎわの
おくみをすくう

おくみをすくう

えり(表の裏側)

1

①

①

返しぐけ

返しぐけ

②

②

返しぐけ

返しぐけ

③

③

裏えり折り山をすくう
0.6〜0.7

折り山より
0.2内

④

くけ始め

④

くけ戻る

糸を引き込む

くけ終わり

図19−4　えりぐけ

[11] かけえりつけ

かけえりたけは女物より長いが、つけ方は女物（p.63）参照。

[12] そでつけ

（1）そでつけ留め

まず、身ごろを裏返し、そでを中表に合わせて差し込む。そでつけ留めは2本糸を用い、そでで身ごろをはさむ形で留める。留め針を進めて始めの糸と結び合わせ、針に通った2本糸の1本を留めから2cm残して切り、そでつけの縫い糸にする。残り3本の糸はより合わせておく（図20－1）。

（2）そでつけの縫い方

そでつけは、しるしどおりに待ち針を打って縫う。縫い始めと縫い終わりは2cm、そで山は3針半返して、縫い終わりは返し留めにする。

身ごろの縫い代が少ない場合（1.5cm未満）は、肩山で縫い代を開いて斜めに自然に折り、そでと合わせて待ち針を打って縫う（図20－1）。

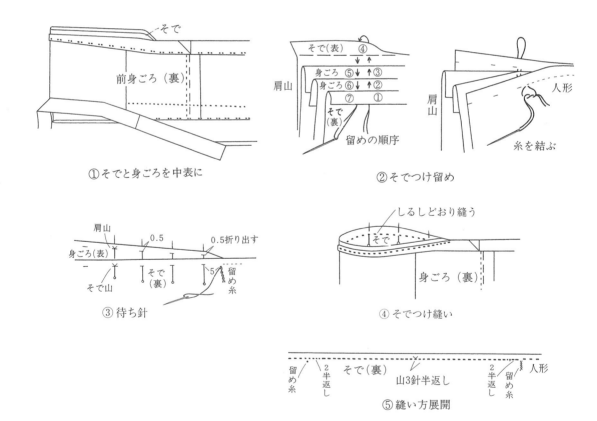

①そでと身ごろを中表に

②そでつけ留め

③待ち針

④そでつけ縫い

⑤縫い方展開

図20－1　そでつけ

（3）そでつけ始末

　縫い代はきせ0.2cmでそでに折り、そで山は3針の耳ぐけで押さえる。身ごろの縫い代が少ない場合は、身ごろとそでの縫い代を一緒にして耳ぐけで押さえる（図20－2）。

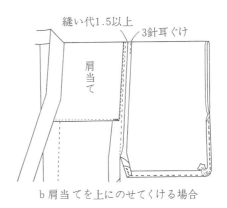

b 肩当てを上にのせてくける場合

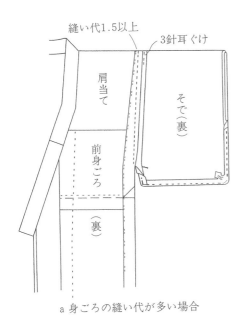

a 身ごろの縫い代が多い場合

c 身ごろの縫い代が少ない場合

図20－2　そでつけ始末

8　仕上げ
　女物ひとえ長着（p.66）参照。

9　たたみ方
　女物ひとえ長着に準じるが、そではそでつけから2cm折り出してたたむ。たたみ方は、女物（p.67～71）参照。

（縫い方つづき）

② 絹・薄物仕立て

１ 木綿仕立てとの相違点

　女物ひとえ長着に準じるが、えりは狭えりに仕立てる。

２ 縫い方

［１］そで

　男物木綿仕立てに同じ（図21）。（p.97）参照。

［２］背縫い

　二度縫い、または背伏せ布を付ける（図21）。

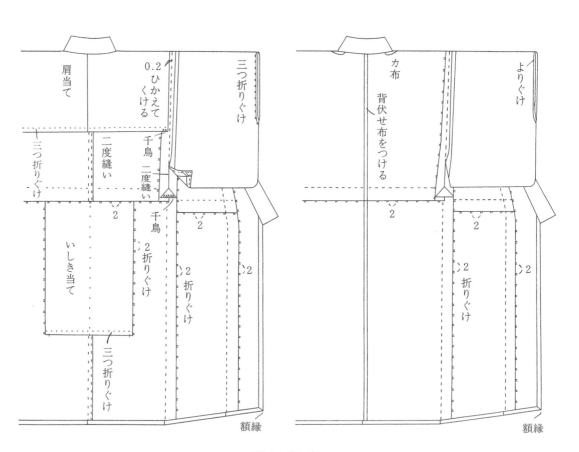

図21　縫い方

［3］内揚げ

　男物木綿仕立てと同じ要領（p.99参照）で縫うが、すそ側に倒した内揚げの折り山を2cm間隔で身ごろにくけ付ける。このとき、揚げ山よりやや中側をくけて、表目は目立たないように小針を出す（図22）。

［4］肩当てつけ

　肩当て作りは、まず背縫いをして、きせ0.2cmで表と反対側に折る。肩当てのすそは、0.8cm幅の三つ折りぐけで始末する。次に、身ごろと肩当ての背縫い代を合わせて縫い目に待ち針を打ち、縫い目の0.1cm上を2cmの針目でとじる。肩当ては平らに開いて肩当ての布端から10cm内外のところに仮じつけをかける（図23）。

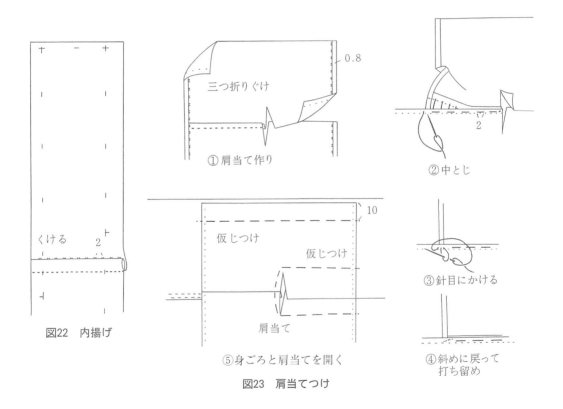

図22　内揚げ

①肩当て作り

②中とじ

③針目にかける

④斜めに戻って打ち留め

⑤身ごろと肩当てを開く

図23　肩当てつけ

［5］いしき当てつけ

　いしき当て布は、すそ側を三つ折りぐけで始末する。次に、いしき当てをとじるが、いしき当ての上端は内揚げの折り山から2cm中にして、いしき当て中央と背縫いのきせ山を合わせ待ち針を打ち、男物木綿仕立てと同じ要領（p.100参照）でとじ付ける。両端は1cm折り込み、2cm間隔で身ごろにくけ付ける。下端の留め方は木綿仕立てと同じにする。次に、内揚げ代をすそ側に倒し、身ごろに2cmの間隔でくけ付ける（図24）。

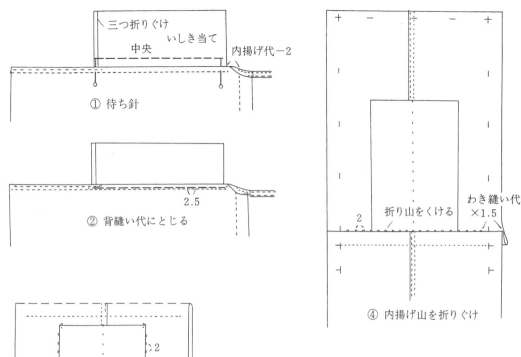

① 待ち針

三つ折りぐけ
中央　いしき当て
内揚げ代－2

② 背縫い代にとじる

2.5

④ 内揚げ山を折りぐけ

折り山をくける

2

わき縫い代
×1.5

2

折りぐけ

1

下部にかける

③ 折りぐけ

図24　いしき当てつけ

[6] わき縫いおよび始末

　わき縫いは、男物木綿仕立てに準じて行う（p.102 参照）。

　わき縫い始末は、まずわき縫い止まりから 4cm 離れたところから後ろ揚げ山までの間、縫い目の 0.4cm 上を二度縫いする。縫い代はきせ 0.2cm で前身ごろ側に折る。

　次に、後ろ身ごろの縫い代を、わき縫い止まりから後ろ揚げ山まで開いて三角に折る。このとき、縫い止まりはきせなしに開き、4cm 間で自然に斜めに折る。三角の下側は、0.6cm のところまで切り込みを入れ、中側に折り込んで 0.5cm の千鳥ぐけで始末する。

　わき縫い代の耳端は肩当てより 2cm 上まで始末するが、縫い代の端を 0.6cm ほど折り込み、2cm 間隔でくけ付ける。また、後ろ揚げ山からすその裁ち目 5cm のところまでは、前身ごろを 2 枚一緒に折り込み、身ごろにくけ付ける（図 25）。

[7] おくみつけおよび始末

　女物絹仕立てに同じ。（p.78）参照。

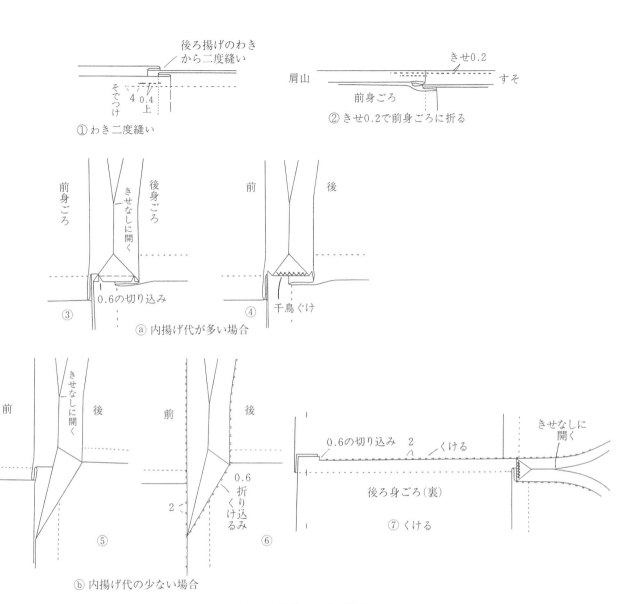

図25　わき縫いおよび始末

[8] すそぐけ

　女物絹仕立て（p.78）を参照して、すそのつま先を額縁に仕立てる。すそぐけは、女物木綿仕立て（p.58）および男物木綿仕立て（p.103）に準じる。

[9] えりつけ

　男物木綿仕立てに同じ。（p.104）参照。

[10] かけえりつけ

　男物木綿仕立て（p.108）に同じ。女物（p.63）参照。

[11] そでつけおよび始末

そでつけは男物木綿仕立て（p.108）に同じ。肩当ての始末は、肩当てを身ごろの縫い代の上に平らにのせ、そでつけ縫い目から0.2cm控えて折り、折り山を0.8cmほどの針目でくけ付ける。肩当ての下端は、わき縫い代の幅だけ千鳥ぐけで始末する（図26）。

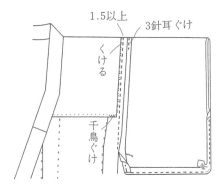

図26　そでつけ始末

3 仕上げ

男物木綿仕立て（p.109）に準じるが、当て布を使用する。

3 ウール仕立て

1 絹仕立てとの相違点

(1) 女物ウール仕立て（p.84）参照。

肩当てといしき当ては広幅の布を用いることが多く、その場合の裁ち方は図27に示す。

(2) ウール地のしるしつけ

ウール地は、そでつけ・わき縫いを割り仕立てにするので、この分のきせ代を加えないこと以外は、木綿仕立てのしるしつけと同様にしるる。

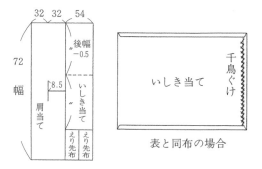

図27　肩当て・いしき当ての裁ち方

2 縫い方

縫製は、①ミシン仕立て、②手縫い仕立て、③①と②の併用、の3種類あるが、男物の地質は比較的厚く風合いが硬いので、主として①のミシン仕立てにする（図28）。

◎縫い方順序

①背縫い　②内揚げ　③肩当てつけ　④いしき当てつけ　⑤おくみつけおよび始末　⑥えりつけ　⑦かけえりつけ　⑧そでつけ　⑨わき縫いおよび始末　⑩そで縫い　⑪肩当て布の始末　⑫すそぐけ

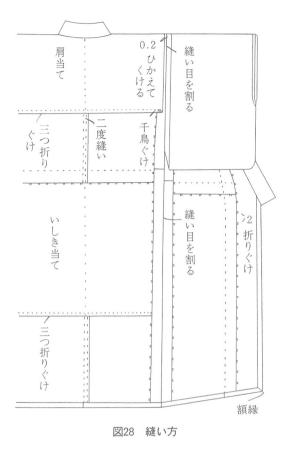

図28　縫い方

図29　内揚げ

[1] 背縫い

二度縫いにする。

[2] 内揚げ

男物絹仕立て（p.111）に準じるが、後ろ揚げもわきの布端まで縫う（図29）。

[3] 肩当てつけ

　まず、肩当ての背縫いをしてから、肩当て布のすそを三つ折りぐけで始末する。次に、肩当て布の幅を2つ折りにして中央を定め、背は3cm間隔に小針を出してとじ付け、肩当て布を平らに開いて両端を仮じつけで押さえる（図30）。

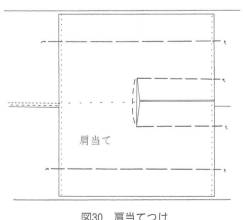

図30　肩当てつけ

[4] いしき当てつけ

　いしき当てのすそを三つ折りぐけまたは千鳥ぐけで始末し、絹物に準じて高さを定め、肩当てと同じ要領で背縫いにとじ付ける（図31）。

[5] おくみつけおよび始末

男物絹仕立て（p.112）に同じ。

[6] えりつけ

男物木綿仕立て（p.104）に準じる。

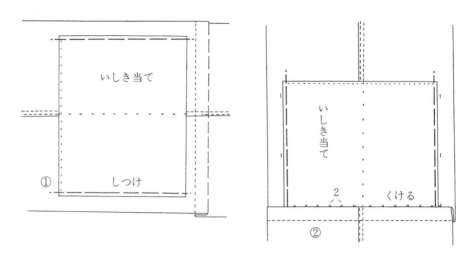

図31　いしき当てつけ

［7］かけえりつけ

男物木綿仕立て（p.108）に準じる。

［8］そでつけ

　そでと身ごろを中表に合わせてしるしどおりに縫い、縫い代を割る。そでつけ留めは、そでを外側にしてそで山から二つに折り、そでつけ止まりの位置に2本糸で留める。順序は、①そで（裏）②身ごろ（表）③身ごろ（裏）④そで（表）で、縫い代を割った折り山を0.1cmほどすくってそのまま糸を結び合わせ、2cm残して糸を切り、より合わせる（図32）。

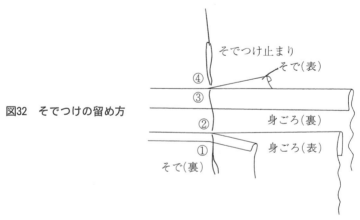

図32　そでつけの留め方

［9］わき縫いおよび始末

　前と後ろのわきをしるしどおりに縫い割り、縫い代の端を0.6cm折り込み、2cm間隔でくけ付ける。

[10] そで縫い

　男物木綿仕立ての要領（p.97）で縫うが、そで下は縫い代を2枚一緒に裁ち目かがり、またはロックミシン。そで口は三つ折りぐけ、または四つ折りにしてまつりぐけする（図33）。

[11] 肩当て布の始末

　男物絹仕立て（p.111）に準じる（図33）。

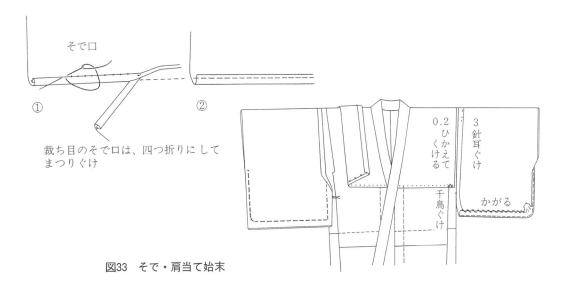

図33　そで・肩当て始末

[12] すそぐけ

　男物絹仕立て（p.113）に準じる。ただし、わき縫いでは縫い目にかけて1針返しぐけにする（図34）。

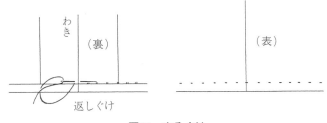

図34　すそぐけ

3　**仕上げ**

　男物木綿仕立て（p.109）に準じるが、当て布を使用する。

3 子供物ひとえ長着

　子供物長着は新生児から 10 歳戦後までの子供が着用する長着で、1 反の 1/3（380cm 内外）、1/2（579cm 内外）、2/3（760cm 内外）を用いて、年齢・体格に合わせて作る。

　種類は、一つ身・三つ身（小裁）・四つ身（中裁）がある。子供の成長を考えて実寸よりやや大きめに作り、肩揚げ・腰揚げで調節をする。また、肩揚げ・腰揚げはかわいらしさを表現することにもなる。

1 四つ身ひとえ長着

　四つ身ひとえ長着は、3〜10 歳くらいの子供用長着で、初夏から初秋にかけて着用される。

■ 形と名称

　四つ身は身ごろ 4 たけを取り、おくみはつまみ仕立てにする。ゆき・身たけには肩揚げ・腰揚げをして成長に合わせて調節し、着姿に子供らしさやかわいらしさを表現する。そでは、女児は元禄そで・長そで、男児は筒そで・変わり筒そで等にする。また、前合わせは、えり元がくずれないようにひもを付けて胴で締めるなど、性別や動きに応じた形状であることが挙げられる（図 1 − 1・1 − 2）。

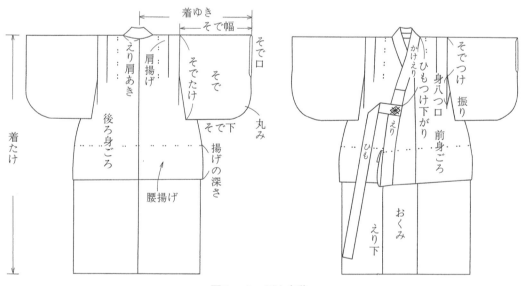

図 1 − 1　形と名称

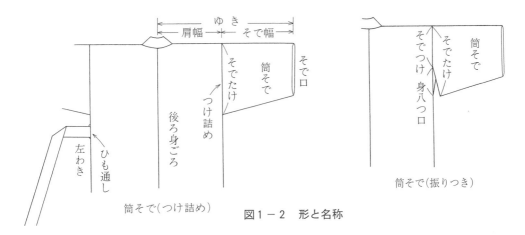

筒そで(つけ詰め)　図1−2　形と名称　筒そで(振りつき)

2 でき上がり寸法

　ゆき・身たけの調節は肩揚げ・腰揚げでするので、寸法は年齢より少し大きめに仕立てる。でき上がり寸法は、3〜12歳まで身長から割り出したものを示す。また、身長・体重の全国平均値を参考に示した（表1・2）。

表1　でき上がり寸法

(cm)

名　称		年令（歳） 3〜4	5〜6	7〜8	9〜10	11〜12	割り出し方
長そで	そでたけ	50	58	64	70	76	身長×½を基準に用布・好みにより加減する
	そ で 口	15	16	17	18	19	
	そでつけ	16	17	18	19	20	
	そで丸み	8	9	9	10	10	
元禄そで	そでたけ	27	28	30	32	32	
	そ で 口	15	16	17	18	19	
	そでつけ	16	17	18	19	20	
	そで丸み	10	10	10	10	11	そでたけ−そで口−2
筒そで	そでたけ	26	27	27	28	29	
	そ で 口	17	18	19	20	21	
	そでつけ	17	18	27	28	29	
そ で 幅		28	29	30	31	32	ゆき−肩幅
着 た け		81	92	102	112	121	身長×80/100
身 た け		110	110	129	137	149	用布いっぱい(四つ身)・大裁(1反から必要尺を用いる)
え り 肩 あ き		5	5.5	6	6.5	7	
肩 幅		22	24	25	27.5	30	
後 ろ 幅		22	24	25	25.5	28	肩幅と同寸，前えり裁ちは−2
前 幅		17	19	20	22	22	後ろ幅によりきまる
身 八 つ 口		10	10	女児10，男児つけ詰め			
おくみ下がり		12	13	14	15	15	
お く み 幅		11.5	11.5	11.5	15	15	布幅いっぱい
え り 下		38	44	49	54	58	着たけ/2 −2
え り 幅		4	4.5	5	5	5.5	
着 ゆ き		40	46	51	56	60	着たけ/2
ひもつけ下がり		26	27	28	29	30	

表 2　全国平均値（身長・体重）

性別＼年齢(歳)	男 身長(cm)	男 体重(kg)	女 身長(cm)	女 体重(kg)	
0(6ヶ月)	67.0	7.79	65.4	7.18	小裁 一つ身
1	75.4	9.51	73.8	8.88	
2	87.1	12.07	86.0	11.53	
3	94.6	13.97	93.7	13.49	中裁
4	101.6	15.90	101.0	15.50	
2000（平成12年）厚生労働省 乳幼児発達調査					四つ身
5	110.7	19.1	109.8	18.7	
6	116.6	21.6	115.7	21.1	
7	122.5	24.2	121.7	23.6	
8	128.3	27.4	127.4	26.6	別おくみつき 五つ身
9	133.6	30.9	133.5	30.1	
10	138.9	34.5	140.2	34.2	
11	145.1	38.8	147.0	39.5	大裁
12	152.6	44.9	152.0	44.4	
2006（平成18年度）文部科学省 学校保健統計調査報告書					

❸　材料

（1）表布

①地質－夏用として子供用ゆかた地・綿プリントの洋服地など、春秋用としてウールや化繊洋服地等。

②用尺－並幅、たけ1/2反（570cm）、または2/3反（760cm）、広幅の場合は300〜400cm、90cm幅で240〜280cm。

（2）肩当て・いしき当て・裏えり・三つえり芯・つけひも用布

晒または白新モスを、並幅、たけ203cm。

（3）糸

表綿地と同色の綿縫い糸細口（30番）、またはカタン糸30番。肩当て、そのほかは白カタン糸30番。

❹　裁ち方

［1］裁ち方準備

裁つ前の準備ほか（p.16）を参照。

120

［2］ 裁ち切り寸法の決め方

①裁ち切りそでたけ：でき上がりそでたけた＋縫い代2

②裁ち切り身たけ：着たけ＋腰揚げ代20〜30＋すそくけ代2、または〔総たけ－（裁ち切りそでたけ×4）〕÷4

③裁ち切りえりたけ：でき上がり身たけ－えり下＋えり肩あきとえり先縫い代10

④裁ち切りかけえりたけ：でき上がりえり肩あき＋ひもつけ下がり

［3］ 裁ち方

（1）並幅の裁ち方—1/2反

裁ち方は布端よりそでたけの4倍を取り、残りを4等分して身ごろとし、折り積りをして×印を切る。えり、かけえりの裁ち方は中央15cm切り込みを入れ、後ろ身ごろ（輪側）から7.5cm幅に裁つ。裁ち落とした布からえり布を取り、残りをかけえりにする。なお、長そでの場合は、2/3反を用いる（図2－1・2－2）。

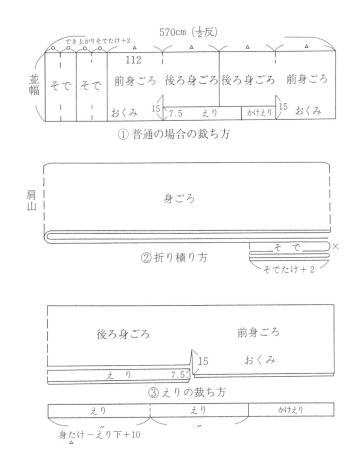

図2－1　裁ち方

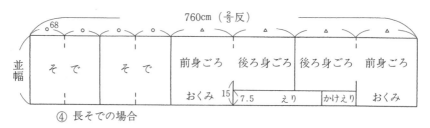

④ 長そでの場合

図2-2　裁ち方

（2）広幅（72cm 幅）の裁ち方

　広幅の場合、えりを接ぎ合わせて使うが、かけえりに隠れる位置で接ぐように注意する（図2-3）。

（3）広幅（90cm 幅）の裁ち方

　72cm 幅の要領で裁つが、中央でそでとえりを取ると布の節約になる。また、布たけに余裕があるので、そでを長そでにすることができる。または、別おくみ裁ちにすることができる（図2-3）。

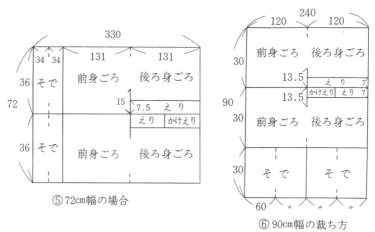

⑤72cm幅の場合

⑥90cm幅の裁ち方

図2-3　広幅の裁ち方

［4］肩当て・いしき当て等の裁ち方

　裏えりを耳端より裁ち、残りで肩当て・いしき当て・ひも布を裁つ。また、肩当てを横布使いにする場合もある（図3）。

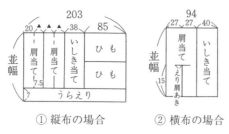

① 縦布の場合　　② 横布の場合

図3　肩当て・いしき当ての裁ち方

5 しるしつけ

[1] そで

長そで・元禄そでは、女物ひとえ長着（p.44）の要領でしるすが、筒そででは そで下縫い代を折り伏せぐけするため、後ろそでを0.8cm長くずらす（図4）。

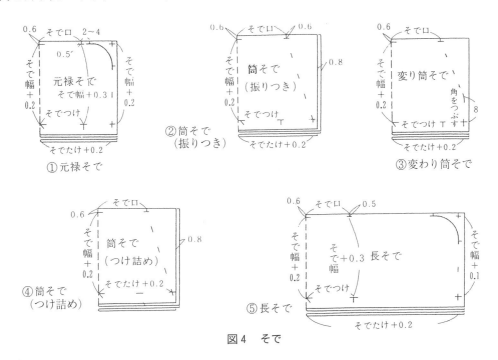

図4　そで

[2] 身ごろ

背縫いのしるしは、前身ごろに写らないように厚紙等をはさみ、後ろ身ごろ2枚だけにしるす。ただし、背縫い代はえり肩あき寸法が年齢・体格等により異なるため、一定にならないので注意する。つけ詰めそでの場合は、そでつけから4cm下に6cmのひも通しをしるす（図5）。

[3] おくみ

おくみのしるしは、つまみ縫いにするため、しるしを向かい合わせに付ける。えりつけのしるしは子供の体型に合わせて、胸元が開かないようにえりつけ斜めを弓形にしるすが、糸を斜めに張り、待ち針でカーブを形作るとよい。

[4] えり

えりのしるしつけは、表裏のえり布を接ぎ合わせてから行う。接ぎ方は、表裏のえり布の耳を中表に合わせ、0.8cmの縫い代で縫い、0.1cmで裏えり側に折り、隠しじつけをかける。糸は白縫い糸（図6）。

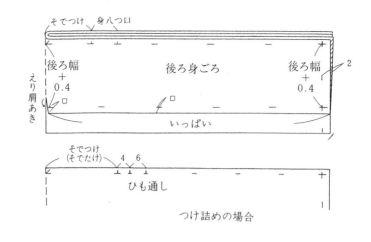

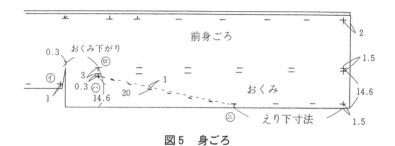

図5　身ごろ

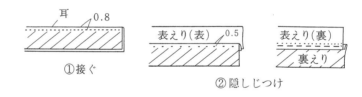

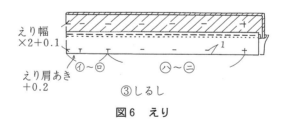

図6　えり

6　縫い方

1　木綿仕立て

◎縫い方順序

①そで縫い　②背縫い　③おくみつけおよび始末　④肩当てつけ　⑤いしき当てつけ
⑥わき縫いおよび始末　⑦えり下ぐけ　⑧すそぐけ　⑨えりつけおよび始末　⑩かけえ
りつけ　⑪そでつけおよび始末　⑫ひもつけ　⑬肩揚げ・腰揚げ

［1］そで

（1）元禄そで・長そで

女物ひとえ長着の要領（p.50）で縫う（図7－1）。

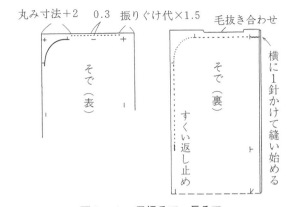

丸み寸法＋2　　0.3　振りぐけ代×1.5　毛抜き合わせ

そで（表）

そで（裏）
すくい返し止め

横に1針かけて縫い始める

図7－1　元禄そで・長そで

（2）筒そで

①そで縫いおよび始末

ⓐつけ詰めの場合

そで下をしるしどおりにそで口じるしまで縫い、1針返しすくい留めをする。縫い代は前そでにきせ0.2cmで折り、後ろそで縫い代でくるみ、折り伏せぐけにする（図7－2）。

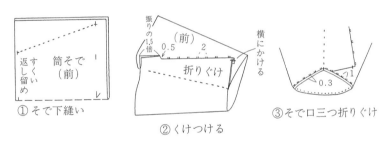

すくい返し留め　筒そで（前）
①そで下縫い

振りの1.5倍　0.5　2　（前）　横にかける
折りぐけ
②くけつける

0.3　1
③そで口三つ折りぐけ

図7－2　筒そで　ⓐつけ詰め

ⓑ振りつきの場合

振りの縫い代を2枚一緒に後ろそで側に折り、そで下をしるしどおりに縫って、きせ0.2cmで前そでに折る。縫い代の端は斜めに折り、振り縫い代を表に返す。そで下の縫い代は、振りの耳から1針中側まで折り伏せぐけで始末する。（図7－3）

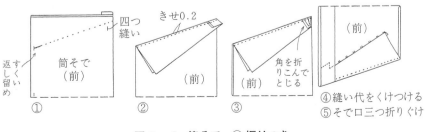

返しすくい留め　筒そで（前）
①

四つ縫い　きせ0.2　（前）
②

（前）　角を折りこんでとじる
③

（前）
④縫い代をくけつける
⑤そで口三つ折りぐけ

図7－3　筒そで　ⓑ振りつき

ⓒ変わり筒そで

そで下は袋縫いにするが、そで下縫い白を外表に合わせて中縫いし、裏返して毛抜き合わせに整え、しるしどおりに縫う。縫い代はきせ0.2cmで前そでに折るが、縫い代のたるみは縫い縮めて整え、前そでにくけ付ける（図7－4）。

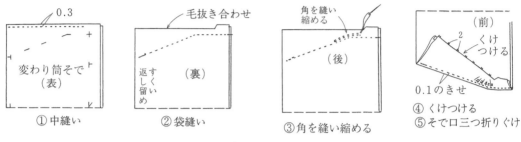

図7－4　筒そで　ⓒ変わり筒そで

②そで口ぐけ

そで口は三つ折りぐけで始末するが、ⓐ ⓑ ⓒとも同様にそで下縫い代を巻き込むように整える。

［2］背縫い（図8）

①中縫い

背縫いは、袋縫いにする。背縫い代（裁ち目）を外表に合わせて、肩当て・いしき当ての部分・すそを残して中縫いし、縫い代はきせ0.2cmをかけ、裏返して毛抜き合わせに整える。

②本縫い

しるしどおりに縫い、縫い代はきせ0.2cmで左身ごろ側に折る。

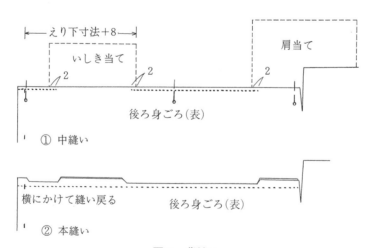

図8　背縫い

［3］おくみつけ（図9）

①つまみ縫い

裏からしるしを合わせて待ち針を打ち、つまみ縫いにする。

②始末

縫い代はきせ0.2cmでおくみ側に折り、輪を2cmでくけ付ける。

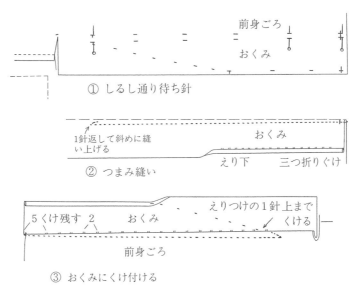

図9　おくみつけ

［4］肩当て

（1）縦布使い（図10−1）

①肩当て作り

女物ひとえ長着の要領（p.52）で作る。

②肩当てつけ

肩当てと身ごろの背縫い代を合わせてとじる。糸は白縫い糸。次に、肩当てを開いて、えり肩まわりの裁ち目をそろえて平らに整え、図の位置にしつけをかける。

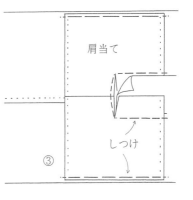

図10−1　肩当て

（2）横布使い（図10-2）

①肩当て作り

図のように裁ち、前後のすそは耳を利用する。

②肩当てつけ

肩当ての幅の中央を身ごろの背縫いのきせ山に合わせる。縫い目は身ごろ側2cm、肩当て側0.1cmの針目で背縫いの0.1cm外側をとじる。ほかは（1）の縦布使いを参照してしつけをかける。

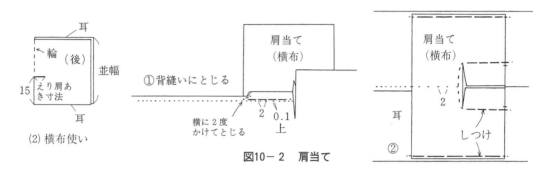

図10-2　肩当て

［5］いしき当て

（1）いしき当て作り

周囲を1cm折り、下部を端伏せ縫いにする。えり下寸法およびいしき当て布寸法によって、いしき当てがすそまで着く場合は、裁ち目のまま使う（図11-1・12-1）。

（2）いしき当てつけ

えり下寸法の8cm上から付ける、いしき当ての幅中央を背縫いのきせ山に合わせてとじ付ける。いしき当てを開いて三方を2cm間隔でくけ付ける。ただし、並幅の場合は、耳ぐけにする（図11-2・12-2）。

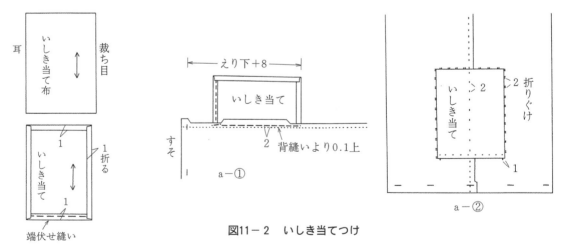

図11-2　いしき当てつけ

a えり下＋8上からつける場合

図11-1　いしき当て作り

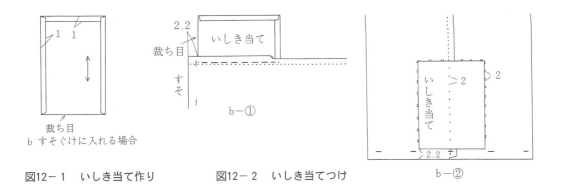

図12－1　いしき当て作り　　図12－2　いしき当てつけ

b すそぐけに入れる場合

裁ち目

1　1

b－①

2.2
裁ち目
すそ

いしき当て

いしき当て
2
2.2
b－②

［6］わき縫いおよび始末

　わき縫いは女物ひとえ長着の要領（p.55）で縫う。始末は、わき縫い代の少ない方法を用いる。また、つけ詰めそでの場合は左わきはひも通しを残して縫い、縫い代は斜めに開いて耳ぐけで始末する（図13）。

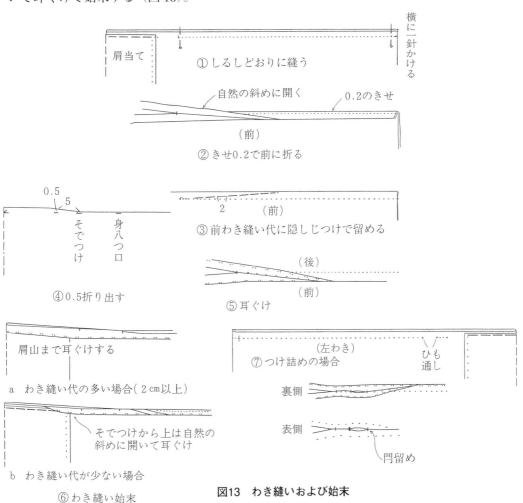

図13　わき縫いおよび始末

［7］ えりつけ・かけえりつけ

女物ひとえ長着の要領で仕立てる。（p.60 〜 64）参照（図 14）。

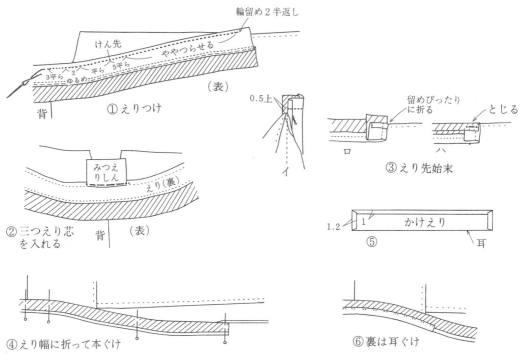

図14　えりつけ・かけえり

［8］ そでつけ

（1）振りつきの場合

　振りのある場合は、女物ひとえ長着の要領
（p.65）でそでを付け、縫い代を始末する（図
15 − 1）。

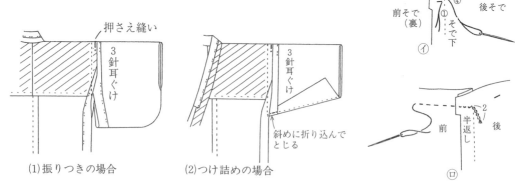

(1)振りつきの場合　　(2)つけ詰めの場合

図15− 1　そでつけ　　　　図15− 2　そでつけ

（2）つけ詰めの場合

　つけ詰めは、そで下きせ山とわき縫い止まりを合わせて2本糸で留め、しっかりと結び合わせ、糸1本残して2cmに切ってより合わせる。そでつけは残した糸で男物ひとえ長着の要領（p.108）で縫い、縫い代はきせ0.2cmでそでに折る。始末はそで山で3針耳ぐけし、そで下縫い代の余分は斜めに折り込み、そで下縫い代にとじ付ける（図15-2）。

［9］ひもつけ
（1）ひも作り

　ひも用布を幅二つ折りにして、縫い代1cmで二方を縫い、きせ0.2cmで折り、角は直角に折ってとじ、表に返して毛抜き合わせに整える（図16）。

（2）ひもつけ

　えりつけきせ山のひもつけ下がりの位置に、2本糸で縫い付ける。三方はしっかりとくけ付ける（図17）。

（3）ひも飾り

　補強と装飾を兼ねて、ひも飾りをする。糸は白縫い糸2本を用いるが、絹小町糸でもよい（図18）。

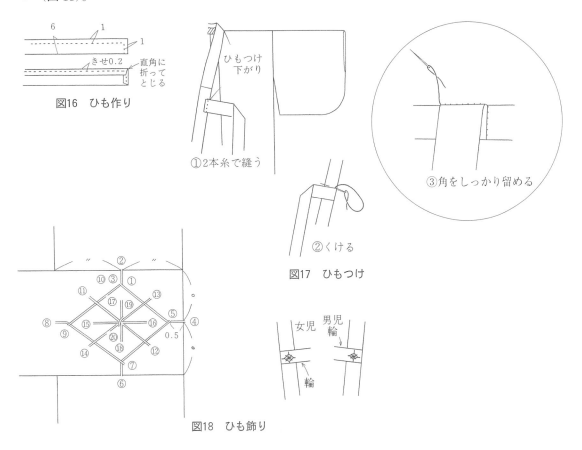

図16　ひも作り

①2本糸で縫う

②くける

③角をしっかり留める

図17　ひもつけ

図18　ひも飾り

7 仕上げ

女物ひとえ長着に同じ。（p.66）参照。

8 肩揚げ・腰揚げ

［1］寸法の決め方

揚げの位置を体格に合わせて決め、揚げの深さを計算する（図19）。

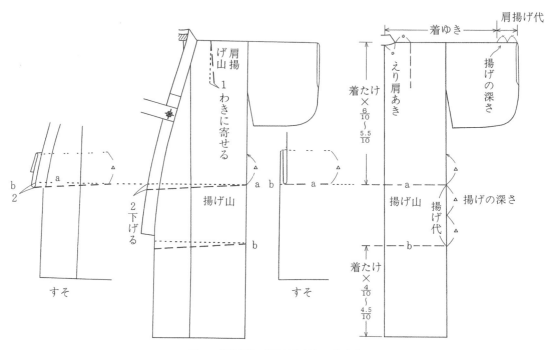

図19　肩揚げ・腰揚げ寸法の決め方

［2］肩揚げ

　肩揚げは揚げ山を後ろ身はまっすぐに、前身ごろは1cm斜めにわきに寄せて折り、揚げの深さをつまむ。揚げの深さは、後ろは肩山と同寸、前は後ろより1cm斜めに浅くする。揚げ方はそでつけ側をみて、縫い糸2本糸用い、二目落としでそでつけ止まりまで縫う。また、つけ詰めの場合はそで口寸法の位置まで縫う（図20）。

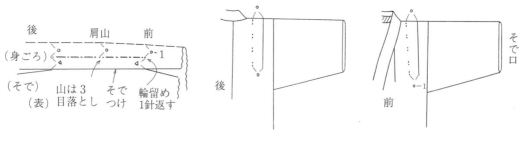

図20　肩揚げの仕方

［3］腰揚げ

　腰揚げは揚げ山を肩山から着たけの 6/10 〜 5.5/10 の寸法に取り、後ろ身ごろはまっすぐに、前身ごろは 2cm 斜めに下げ、揚げの深さを同寸につまむ。縫い方は、縫い糸 2 本どりで二目落としに縫うが、おくみ幅のたるみ分はタック 2 本で落ち着かせ、その山で 1 針返し、各縫い目のきせ山でも 1 針返して続けて縫う（図 21・22）。

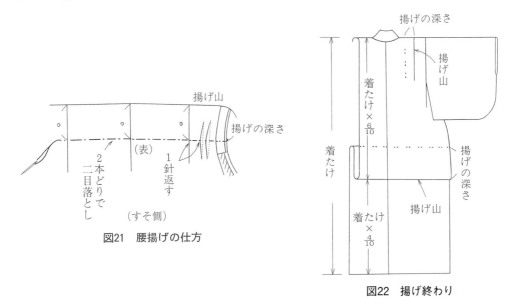

図21　腰揚げの仕方

図22　揚げ終わり

⑨　たたみ方（図 23）

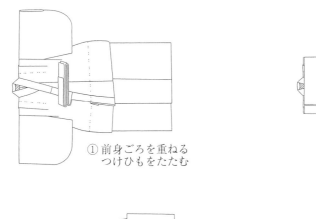

① 前身ごろを重ねる
　つけひもをたたむ

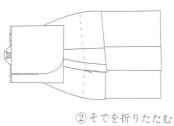

② そでを折りたたむ

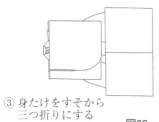

③ 身たけをすそから
　三つ折りにする

④ 背を上に重ねる

図23　夜着だたみ（子供物）のたたみ方順序

② 別おくみ裁ち

体格の大きい子供のためには、普通の四つ身より寸法の大きい別おくみ裁ちという方法がある。別おくみ裁ちには、車裁ちと前えり裁ちの2種類がある。

［1］裁ち方（図24）

（1）車裁ち

車裁ちは、身ごろ4たけからえりを裁ち落とし、別おくみを付けて身幅を広く作る。この場合、裏えりは共布を用いる。

（2）前えり裁ち

前えり裁ちは、前身ごろからえりを裁ち落とし、別おくみにする。

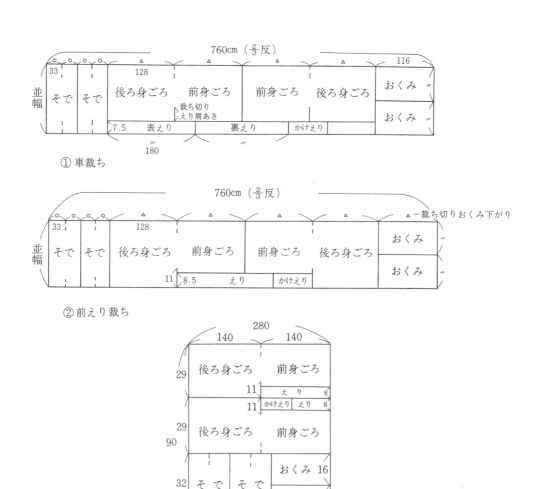

図24　裁ち方

① 車裁ち

② 前えり裁ち

③ 90cm幅の前えり裁ち

134

[2] しるしつけ

普通の四つ身と異なる点を挙げる。

（1）車裁ち

身ごろの布の状態が普通のものと異なり、布端一方が裁ち目であるため、その裁ち目を
そろえて背縫い側（手前）に整え、女物ひとえ長着の要領（p.45）でしるしを付ける。お
くみは、女物ひとえ長着の要領（p.46）でしるしを付ける。次の前えり裁ちも同じ（図
25）。

（2）前えり裁ち

身ごろのしるしつけの布の置き方が普通のものと異なるため、裁ち目側を手前に、幅の
狭い前身ごろの布を下にして平らに置き、肩山から二つ折りにする。幅の広い後ろ身ごろ
を上に重ねてしるしを付けるので、曲がらないように注意する（図26）。

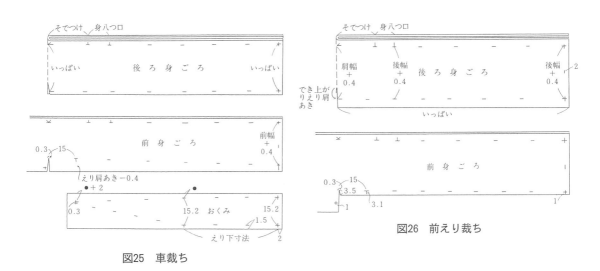

図25　車裁ち

図26　前えり裁ち

[3] 縫い方

（1）車裁ち

そで・身ごろは普通の四つ身の要領で縫うが、おくみつけはしるしどおり縫い、縫い代
はおくみにきせ0.2cmで折り、裁ち目を折り伏せぐけで始末する。

（2）前えり裁ち

背縫いは女物ひとえ長着の要領（p.52）で二度縫いする。また、おくみつけは一つ身ひ
とえ長着の要領（p.141）で縫い、またロックミシンをかけて耳ぐけで始末する。ほかは
普通の四つ身の要領（p.126）で仕立てる。

　一つ身ひとえ長着

一つ身は誕生から2歳頃までの子供用長着で、1反の1/3（380cm内外）を用いて仕立てる。

1　形と名称

一つ身は身幅が一幅で作られており、兵児帯を兼ねた幅の広いつけひもをえりにつける。産着（うぶぎ）は新生児用で男女両用であり、後ろひもを付ける。そでは広そでで着脱を容易にしている（図1）。

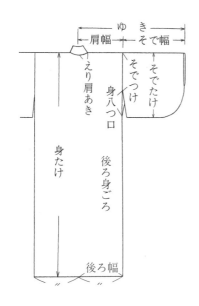

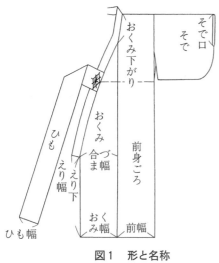

図1　形と名称

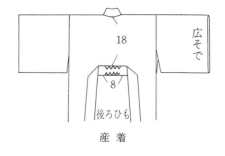

産着

表1　でき上がり寸法

(cm)

年令(歳) 名称＼性別	一つ身					三つ身	
	0(6ヶ月) 男女共用	1 男	1 女	2 男	2 女	3 男	3 女
そ で た け	21	23	24	23	25	23	25
そ で 口	21	15	13	15	13	15	13
そ で つ け	13	15	15	15	15	15	15
そ で 幅	20	24	24	25	25	25	25
そ で 丸 み	−	−	9	−	10	−	10
身 た け	70	85	85	85	85	88	88
着 た け	52	62	62	69	69	69	69
え り 下	24	29	29	31	31	31	31
おくみ下がり	8	10	10	10	10	10	10
身 八 つ 口	8	10	10	10	10	10	10
え り 肩 あ き	3	3.5	3.5	3.5	3.5	4.5	4.5
後 ろ 幅	17	17	17	17	17	21.5	21.5
前 幅	16	16	16	16	16	16	16
お く み 幅	11	15	15	15	15	10	10
え り 幅	3	3.5	3.5	3.5	3.5	3.5	3.5
ひ も 下 が り	18(後ひも)	23	23	24	24	24	24
ひ も た け	70	70	70	75	75	75	75
身 長 （cm)	−	−	75.4	73.8	87.1	86.0	94.6	93.7
体 重 （kg)	7.8	7.2	9.5	8.9	12.1	11.5	14.0	13.5

2 でき上がり寸法

寸法表を参考にして、体格に合った寸法を用いる。そでは、男児の場合は筒そで・舟底そで・変わり筒そで等から選び、女児の場合は元禄そで・長そで等を参照して決める（表1）。

3 材料

地質は肌ざわりが柔らかく、日常着は吸湿性や通気性に富み、洗濯に耐える素材が望ましい。夏用には浴衣地・タオル地・ブロード等。秋～春用には綿ネル・ウール等、外出用や晴れ着用には縮緬・羽二重等が用いられる。

（1）表布

①地質 − 浴衣地、ブロード

②用尺 − 並幅、たけ 1/3 反（380cm 内外）

　　　　　72cm 幅（広幅）、たけ 190 ～ 200cm

　　　　　90cm 幅、たけ 190 ～ 200cm

（2）肩当て・いしき当て・つけひも・三つえり芯

①地質 − 晒木綿、新モス

②用尺 − 並幅、たけ 143cm

（3）糸

表地と同色の綿縫い糸（細口 30 番）、またはカタン糸 30 番、肩当てそのほかは白カタン糸 30 番。

4 裁ち方

［1］裁ち方準備

裁つ前の準備ほかは、（p.16）参照。

［2］裁ち方

反物の総たけを計り、身たけを算出する。裁ち切り身たけを 2 たけ、裁ち切りおくみたけを 1 たけ折り積りし、残りがえりたけとなるので寸法を確認して×印を切る（図2・3・4）。

＊裁ち切り身たけ＝〔総たけ＋裁ち切りおくみ下がり＋（えり下寸法＋2）×2 −（えり肩あき＋えり先縫い代×2）〕÷5

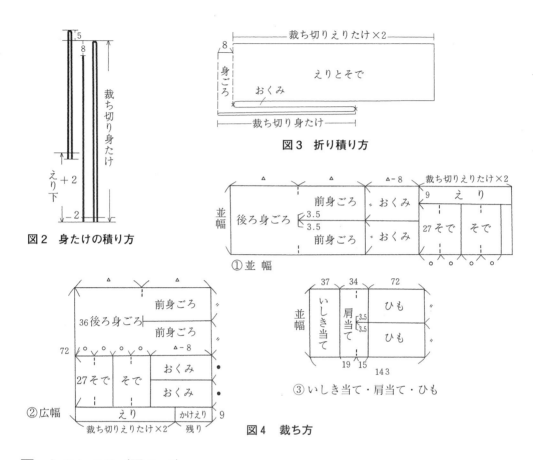

図2　身たけの積り方

図3　折り積り方

①並幅

②広幅

③いしき当て・肩当て・ひも

図4　裁ち方

5　しるしつけ（図5・6）

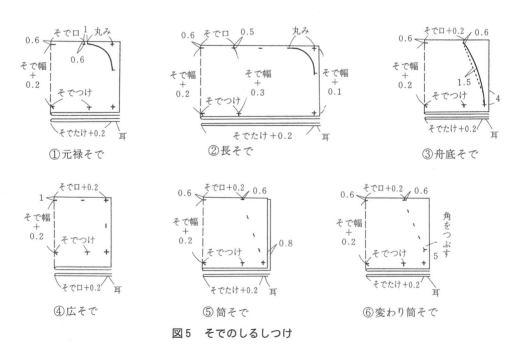

①元禄そで

②長そで

③舟底そで

④広そで

⑤筒そで

⑥変わり筒そで

図5　そでのしるしつけ

138

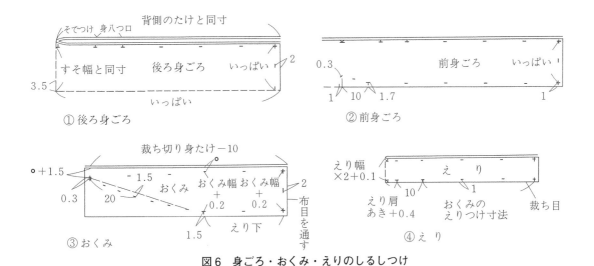

図6 身ごろ・おくみ・えりのしるしつけ

6 縫い方

◎木綿仕立ての縫い方順序（図7）

①そで縫い　②肩当て　③いしき当てつけ　④わき縫い　⑤わき始末　⑥えり下ぐけ

⑦おくみつけ（袋縫い）　⑧すそぐけ　⑨えりつけおよび始末　⑩そでつけおよび始末

⑪ひも作り、ひもつけおよび飾り

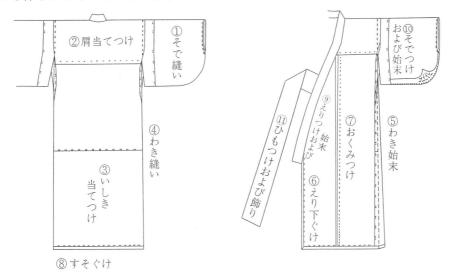

図7　縫い方

［1］そで

（1）元禄そで・長そで

女物ひとえ長着（p.50）を参照。

（2）筒そで・変わり筒そで

四つ身ひとえ長着（p.125〜126）を参照。

（3）舟底そで（図8）

①そで下中縫い

そで布は、外表にそで下のしるしを合わせて待ち針を打つ。振り縫い代の1.5倍を縫い残して0.3cmの縫い代で縫い、そで口側は横にかけて縫い戻る。きせ0.2cmで裏返し、きせ山を毛抜き合わせに整える。

②そで下本縫い

しるしを合わせて待ち針を打ち、振り側の耳を横に糸をかけて縫い始め、そで口のしるしまで縫い、1針返してすくい返し留めをする。後ろそで側からそで下の縫い目の0.5cm上を2本糸で0.5cmの針目で縫い、0.1cm上を針目をそろえて縫い戻る。

③始末

きせ0.2cmで前そでに折り、縫い代が平らになるように、ゆるみ分を役2cm間隔にひだを取り、前そでにくけ付ける。

④そで口ぐけ

そで口縫い代は0.3cm幅にそで下を続けて折り、1cm間隔で三つ折りぐけをする。縫い込んだ斜めの縫い代は裁ち目をかかっておく。

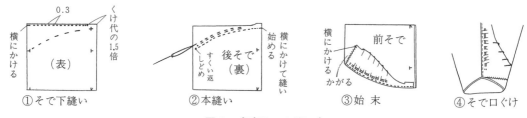

図8　舟底そでの縫い方

［2］肩当て

肩当て布の両端の裁ち目を1cmに折り、端伏せ縫いをする。身ごろの裏側に肩当てを外表に合わせ、えり肩あきおよび前身ごろの裁ち目をそろえる。えり肩まあわりと両端を平らにしつけで押さえる（図9）。

［3］いしき当て

一方の裁ち目を1cmに折る。もう一方の裁ち目は、身ごろのすその裁ち目から2.5cm上に合わせて、両横を平らにしつけをかけ、上部は2cm間隔で折りぐけをする（図9）。

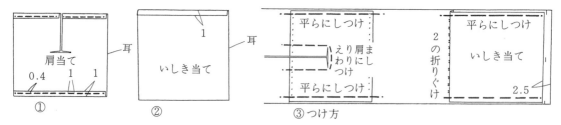

図9　肩当て・いしき当てつけ

［4］ わき縫いおよび始末

身ごろのわき前後を中表に合わせて、しるしどおりに待ち針を打つ。縫い方は、すその裁ち目に1針かけて縫い始めしるしどおりに縫い、身八つ口で1針返してすくい返し留めをする。縫い代は前身ごろの方にきせ0.2cmを折り、身八つ口止まりで後ろ身ごろをきせなしで開き、つれないように斜めに折り、折り山を押さえ縫いする。身八つ口からそでつけじるしまでは、しるしどおりに折り、縫い代は耳ぐけで始末する（図10）。

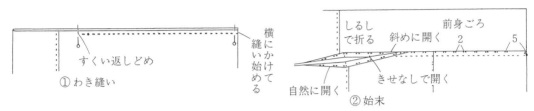

図10　わき縫いおよび始末

［5］ えり下ぐけ

えり下は三つ折りぐけをする（図7）。女物ひとえ長着（p.57）を参照。

［6］ おくみつけおよび始末

おくみつけは袋縫いにするので、まず前身ごろとおくみを外表に合わせ、身ごろの裁ち目とおくみの耳をそろえて待ち針を打つ。すその裁ち目から2.5cm、上から0.3cmの縫い代で、おくみ下がりのしるしから2cm手前まで縫い、すそから2.5cmのところに、0.5cm切り込みを入れる。縫い代はきせ0.2cmで前身ごろの方へ折り、裏返す。本縫いはしるしどおり待ち針を打ち、すその裁ち目に1針かけて縫い始め、おくみ下がりまでしるしどおり縫い、1針返して斜めに縫い上げる。縫い代は、0.2cmでおくみ側に折る（図11）。

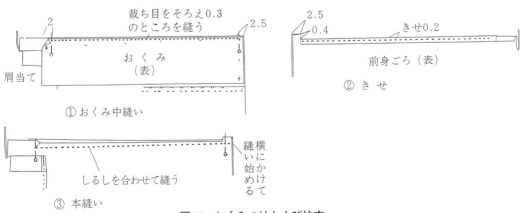

図11　おくみつけおよび始末

［7］ すそぐけ

すそは、女物ひとえ長着の要領（p.58）で、三つ折りぐけをする（図12）。

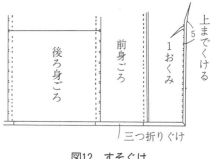

図12 すそぐけ

［8］ えりつけおよび始末

えりと身ごろを中表に合わせて、えり山と背中心に待ち針を打ち、各合じるしを合わせてえり下に向けて待ち針を打つ。縫い方はしるしどおりに縫い、縫い代はきせ0.1cmでえり側に折る。三つえり芯をとじ付ける。身ごろとおくみの縫い代は←→印の方向に十分伸ばしてえり幅に折る。えり先およびえりぐけは、女物ひとえ長着の要領（p.62）で行う（図13）。

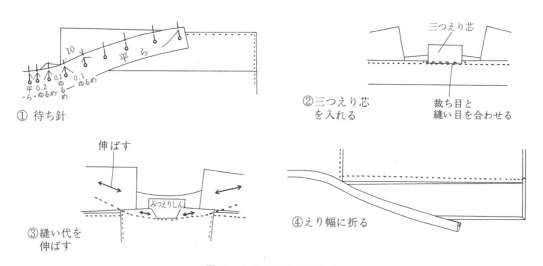

図13 えりつけおよび始末

［9］ そでつけおよび始末

身ごろとそでを中表に合わせて、そで側からしるしどおりに待ち針を打つ。縫い方および振りの始末は、女物ひとえ長着の要領（p.65）で行う（図14）。

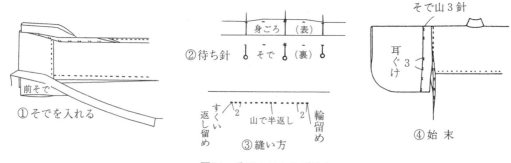

図14 そでつけおよび始末

142

[10] ひも作り・ひもつけおよびひも飾り

ひも作り・ひもつけ・ひも飾りは、四つ身（p.131）を参照。

⑦ 仕上げ

女物ひとえ長着（p.66）参照。

⑧ 肩揚げ・腰揚げ

四つ身ひとえ長着（p.132）参照。

⑨ たたみ方

図15を参照。

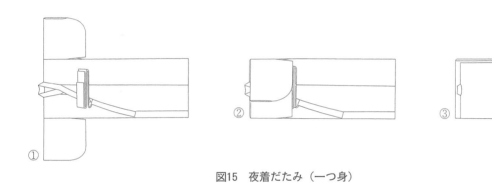

図15　夜着だたみ（一つ身）

4　三つ身ひとえ長着

　三つ身は、3〜4歳の子供に適しており、身たけの3倍で裁ち合わせるのが特徴である。

1　形と名称

　図1を参照。

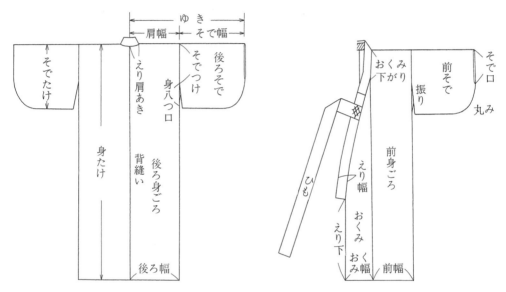

図1　形と名称

2　でき上がり寸法

　一つ身ひとえ長着（p.136）参照。

3　材料

　一つ身ひとえ長着（p.137）参照。

4 裁ち方

図2・3を参照。

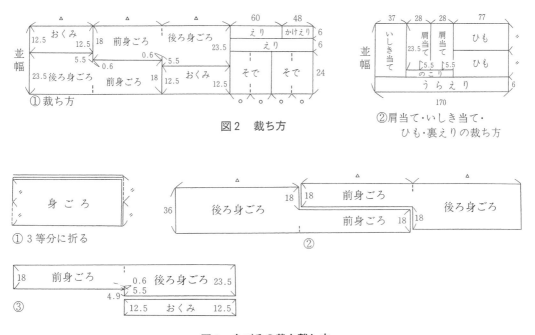

図2　裁ち方

②肩当て・いしき当て・
　ひも・裏えりの裁ち方

図3　身ごろの裁ち離し方

5 しるしつけ

図4を参照。

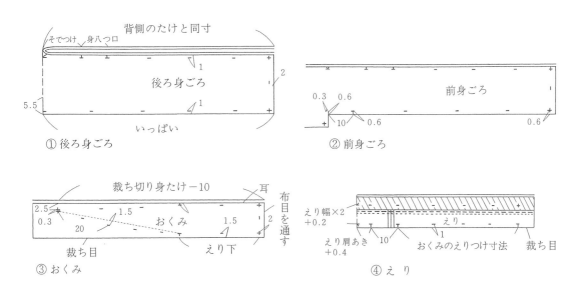

図4　しるしつけ

6 縫い方

図中の番号順に縫製する（図5）。

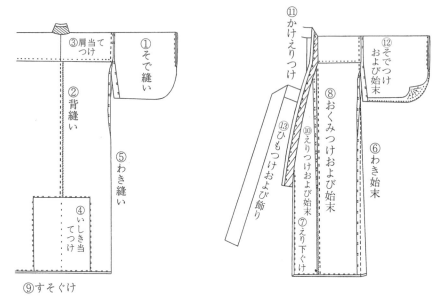

図5　縫い方

7 仕上げ

女物ひとえ長着（p.66）参照。

8 肩揚げ・腰揚げ

四つ身ひとえ長着（p.132）参照。

9 たたみ方

四つ身ひとえ長着（p.133）参照。

4 じんべえ（甚兵衛・甚平）

じんべえは夏用の簡易着であり、主として男物、子供用の家庭着である。長着の形に近い膝たけで、そでは筒そでが多い。涼しく着るために帯は締めず、えり先とわきで小さいひも結びにして着用する。

元来、江戸末期のそでなし羽織（甚兵衛羽織）の一種であり、当時は夏物とは限らず、ひとえ仕立て、あわせ仕立てのそでなしちゃんちゃんこが着られたが、次第に夏専用となり、手軽さと涼しさが見直され、近年では既製品も多く利用されている。

1 男物じんべえ

1 形と名称およびでき上がり寸法・パンツの製図

普通体型の人はＡ型が、肥満体の人はＢ型の前幅に足をして身幅の広い形にしたものがよい。仕立て方は、かがり仕立てと縫い仕立てがあり、かがり仕立ての方がやや手間取るが、より涼しく着用できる（図1・2）。

なお、成人男子の参考寸法を表1に示す。

表1　成人男子参考寸法

(cm)

部位	身長	チェスト	ウエスト	ヒップ	股上	股下
小	160	86	72	88	23	68
中	170	92	80	92	24	71
大	180	98	86	100	26	75

2 材料

①表布 地質－木綿・麻のゆかた地またはプリント生地

②用尺－表2参照

③付属品－かがり用のたこ糸3号、ゴムテープ、ボタンまたはファスナー

表2　成人男子の用尺

(cm)

	用　途		並　幅(36)	ヤール幅(90)
A	じんべえたけ	90	904	418
	パンツたけ	72		
	じんべえたけ	85	826	384
	パンツたけ	60		
B	じんべえたけ	90	923	418
	パンツたけ	72		
	じんべえたけ	85	850	384
	パンツたけ	60		

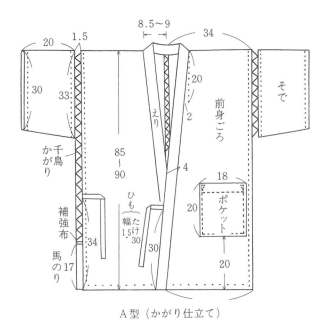

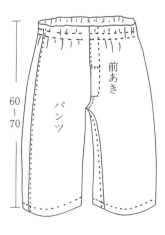

A型（かがり仕立て）

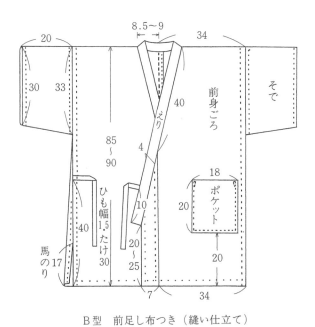

B型　前足し布つき（縫い仕立て）

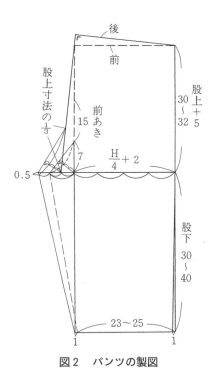

図1　形と名称・でき上がり寸法

図2　パンツの製図

3　地直し

裁つ前の準備・地直し（p.16）参照。

4 裁ち方

図3・4を参照。

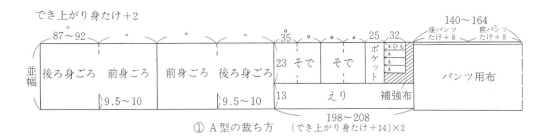

① A型の裁ち方 （でき上がり身たけ＋14）×2

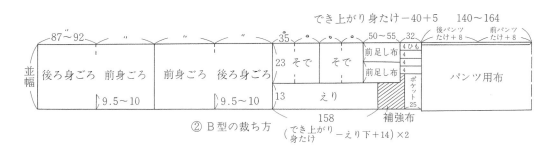

② B型の裁ち方 （でき上がり身たけ－えり下＋14）×2

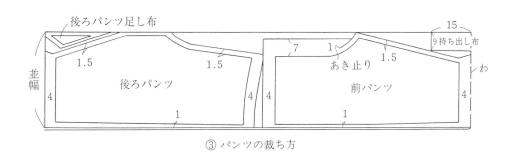

③ パンツの裁ち方

図3 並幅の裁ち方

5 しるしつけ

図5・6を参照。

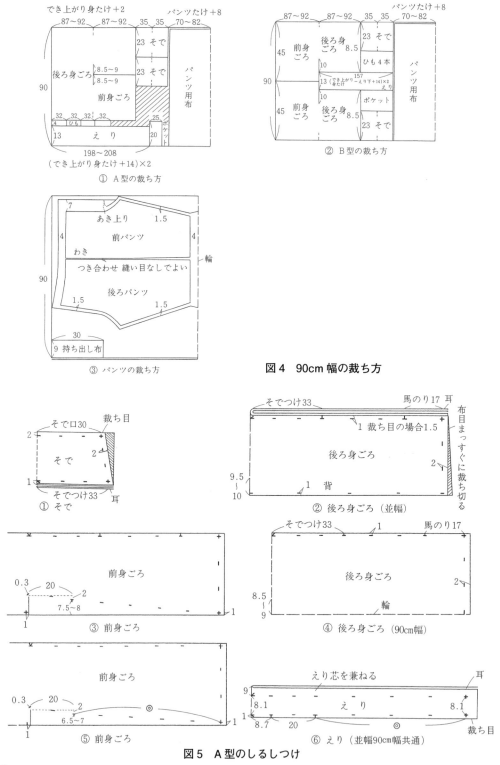

① A型の裁ち方

② B型の裁ち方

③ パンツの裁ち方

図4 90cm幅の裁ち方

① そで

② 後ろ身ごろ（並幅）

③ 前身ごろ

④ 後ろ身ごろ（90cm幅）

⑤ 前身ごろ

⑥ えり（並幅90cm幅共通）

図5 A型のしるしつけ

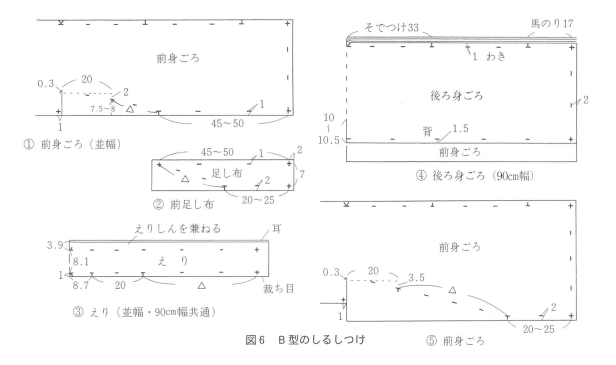

図6　B型のしるしつけ

① 前身ごろ（並幅）

② 前足し布

③ えり（並幅・90cm幅共通）

④ 後ろ身ごろ（90cm幅）

⑤ 前身ごろ

6　縫い方

[1] じんべえの縫い方

（1）A型－かがり仕立ての場合（図7）

①そで口はそで下を縫い、または裁ち目にロックミシンをかけて前そでに伏せ縫いする。そで口は三つ折り縫い、または三つ折りぐけする。そでつけ側は耳端を折り伏せ縫い、または耳ぐけする。

②背・わきは耳端を1cm伏せ縫い、または耳ぐけする。ただし、90cmの場合は背縫いを輪のままで用い、わきは一方が裁ち目なので折り伏せ縫い、または折り伏せぐけにする。

③すそを三つ折り縫い、または三つ折りぐけにする。

④背縫いは、千鳥かがりをする。かがり糸は、たこ糸を用いる。

⑤えりつけおよびえり先始末は、女物ひとえ長着の要領で行う。前身ごろのえりつけ縫い代は、1cm強残して裁ち落とす。なお、えりの裏側の折り込み分は、幅中央を縫い押さえておくと型くずれを防ぐ。

⑥えりぐけは、本ぐけまたは表えりつけきわを落とし、ミシンで始末する。

⑦わきの馬のり止まりに補強布を付ける。

⑧わきとそでつけは、千鳥かがりで付ける。

⑨ポケットを作り、使い勝手も考えて好みの位置に付ける。

⑩ひもを付ける。

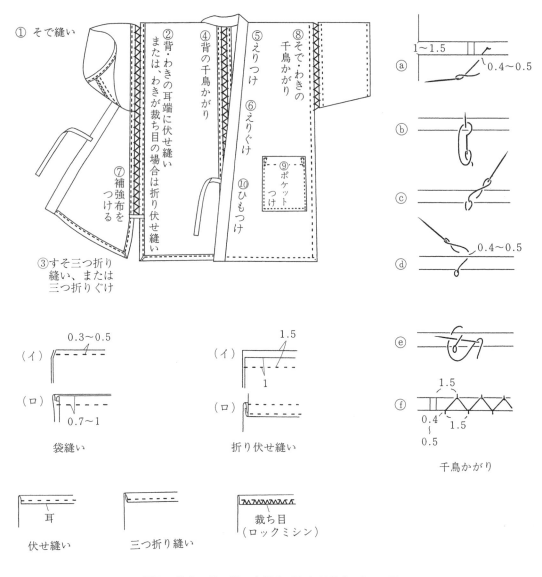

図7　じんべえの縫い方順序（かがり仕立て）　A型

（2）B型（前足し布つき）縫い仕立ての場合（図8）

①そではA型の要領で縫うが、そでつけは始末をしない。

②背縫いは、二度縫いする。ただし、90cm幅の場合は、袋縫いまたはしるしどおりに縫い、裁ち目にロックミシンをかける。

③前身ごろに足し布を付け、縫い代を足し布側に折り伏せ縫い、または耳ぐけで始末をする。ただし、190cm幅の場合は不要。

④えり下を三つ折り縫い、または三つ折りぐけする。

⑤えりつけ・えり先始末・えりぐけは、A型の要領で行う。

⑥そでつけ・わきは割り縫いにして、縫い代は伏せ縫い、または耳ぐけで始末をする。
　わきは、馬のりを縫い残す。

⑦すそは三つ折り縫い、または三つ折りぐけにする。

⑧ポケットつけは、A型の要領で行う。

⑨ひもを付ける。

⑩馬のり止まりに閂留めをする。

［2］パンツの縫い方（図9－1・9－2・9－3）

並幅裁ちで後ろパンツの布幅が不足する場合は、接いでおく必要がある。

①前股上を縫う。

②前あき作りをする。図のような手順で作るが、簡単にファスナーを付けてもよい。

③後ろ股上を伸ばし加減にして縫う。並幅の場合は、幅の足し布を接ぎ合わせてから股上を縫う。縫い代始末は片側に折り伏せて縫う、またはロックミシンで始末する。

④股下を左右続けて縫う。縫い代の始末は伏せ縫い、またはロックミシンで行う。

⑤わき縫いをする。縫い代は、前側に片返して伏せ縫いをする。

⑥上部は、ゴム通し口を残して縫う。

⑦すそは、縫い代を折り上げて縫う。または、おりぐけにする。

⑧仕上げをして、上部にゴムを2本通し、前あきにボタンを付ける。

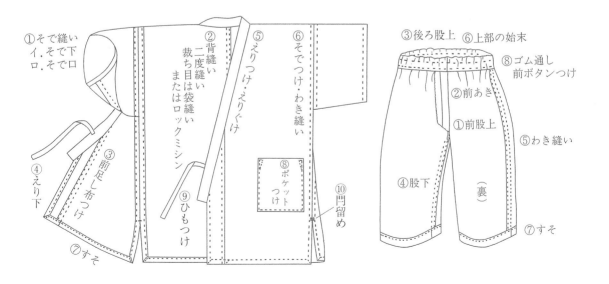

図8　じんべえの縫い方順序（縫い仕立て）　B型　　　　図9－1　男物パンツの縫い方順序

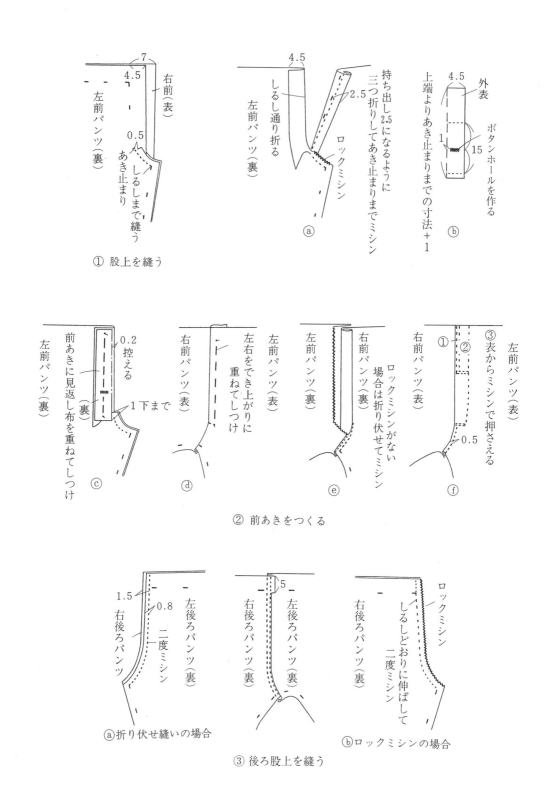

① 股上を縫う

② 前あきをつくる

③ 後ろ股上を縫う

図 9 − 2　男物パンツの縫い方

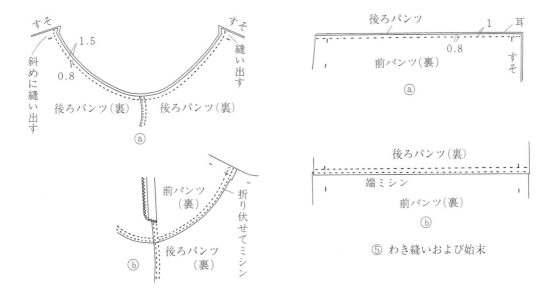

④ 股下を縫いロックミシンまたは折り伏せ縫い

⑤ わき縫いおよび始末

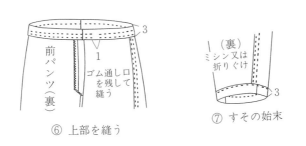

⑥ 上部を縫う

⑦ すその始末

図9－3　男物パンツの縫い方

2 女物じんべえ

1 形と名称・でき上がり寸法・パンツの製図

形と名称などは図10を参考に。なお、成人女子の参考寸法を表3に示す。

表3　成人女子参考寸法

(cm)

部位	身長	バスト	ウエスト	ヒップ	股上	股下
小	152	76	58	84	26	64
中	157	82	63	90	27	67
大	162	91	72	97	29	69

2 材料

①表布 地質－木綿・麻のゆかた
　　　　地またはプリント
　　　　生地

②用尺－表4参照

③付属品－かがり用のたこ糸　ゴ
　　　　ムテープ　かぎホック
　　　　ファスナー

表4　成人女子の用尺

(cm)

用　途	並　幅	ヤール幅
上 衣 た け　85	965	408
パンツたけ　75		
上 衣 た け　80	860	368
パンツたけ　58		

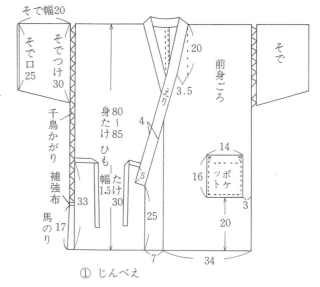

① じんべえ

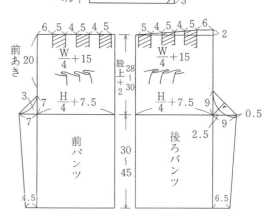

② パンツ　　　　　③ パンツの製図

図10　形と名称　でき上がり寸法

❸ 裁ち方

図 11 を参照。

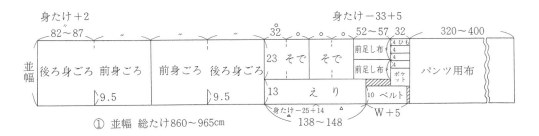

① 並幅 総たけ860〜965cm

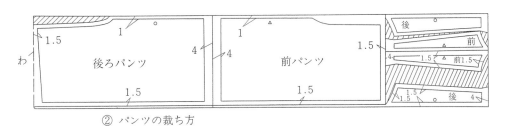

② パンツの裁ち方

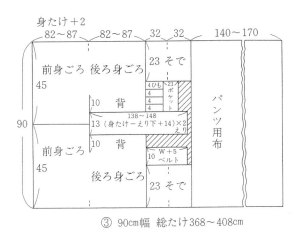

③ 90cm幅 総たけ368〜408cm

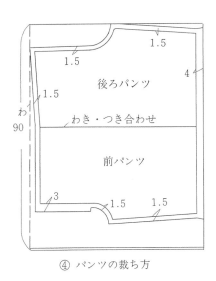

④ パンツの裁ち方

図11 裁ち方

❹ しるしつけ

男物じんべえの要領（p.150）でしるす。

5 縫い方

［1］じんべえの縫い方

男物じんべえの要領（p.151）で縫う。

［2］パンツの縫い方

図の順序で縫う（図12）。

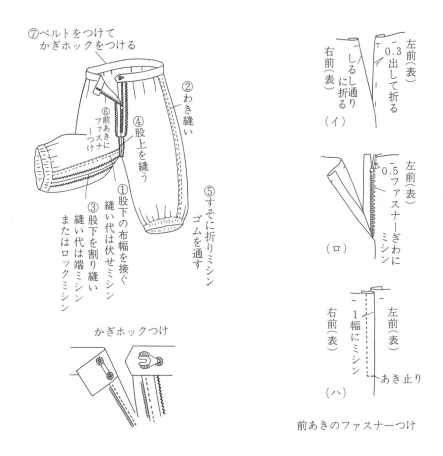

⑦ベルトをつけて
　かぎホックをつける

②わき縫い

⑥前あきにファスナーつけ

④股上を縫う

①股下の布幅を接ぐ
　縫い代は伏せミシン

③股下を割り縫い
　縫い代は端ミシン
　またはロックミシン

⑤すそに折りミシン
　ゴムを通す

かぎホックつけ

左前（表）

右前（表）

0.3出して折る

しるし通りに折る

（イ）

左前（表）

0.5ファスナーぎわにミシン

（ロ）

左前（表）

右前（表）

1幅にミシン

あき止り

（ハ）

前あきのファスナーつけ

図12　女物パンツの縫い方順序

4～5歳

③ 子供物じんべえ

1 形とでき上がり寸法

（1）それぞれの図を参照。

4～7歳用 = 図13 - 1

2～3歳用 = 図14 - 1

ケープ = 図15 - 1

簡易パンツ = 図15 - 2

（2）パンツ製図

4～7歳用 = 図13 - 2

2～3歳用 = 図14 - 2

子供の参考寸法を表5に示す。

表5　子供参考寸法

(cm)

年令＼部位	身　長		バスト		ウエスト		ヒップ		股　上		股　下		体　重	
1歳	75		48		45		46		20		24		10	
2	87		50		47		50		20		29		12	
3	94		52		48		54		20		34		14	
4	102		53		50		56		20		38		16	
5	110		56		51		58		21		41		19	
6	116		58		52		60		21		44		21	
7	122		60		53		62		21		49		24	
8	男128	女127	男64	女61	男54	女52	男63	女64	男22	女22	男51	女51	男27	女26
9	133	133	65	64	56	54	67	68	22	22	54	54	30	30
10	139	140	67	67	58	56	70	71	22	23	56	57	33	33
11	145	147	70	71	61	58	73	75	23	24	58	60	37	38

表6　子供物の用尺

(cm)

年　令	種　類	並　幅	ヤール幅
6～7歳	短パンツ	428	192
	6分パンツ	484	220
4～5歳	短パンツ	384	172
	6分パンツ	440	200
2～3歳	ひろそで	366～372	140
	トンビそで	386～398	140

6～7歳

2 材料

①表布 地質−木綿のゆかた地・プリント生地・タオル地

②用尺−表6参照

③付属品−かがり用のたこ糸、ゴムテープ

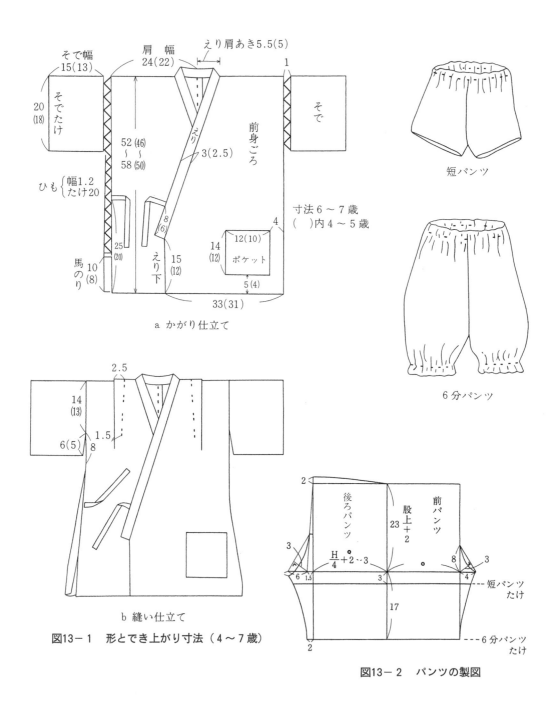

a かがり仕立て

b 縫い仕立て

図13−1 形とでき上がり寸法（4〜7歳）

短パンツ

6分パンツ

図13−2 パンツの製図

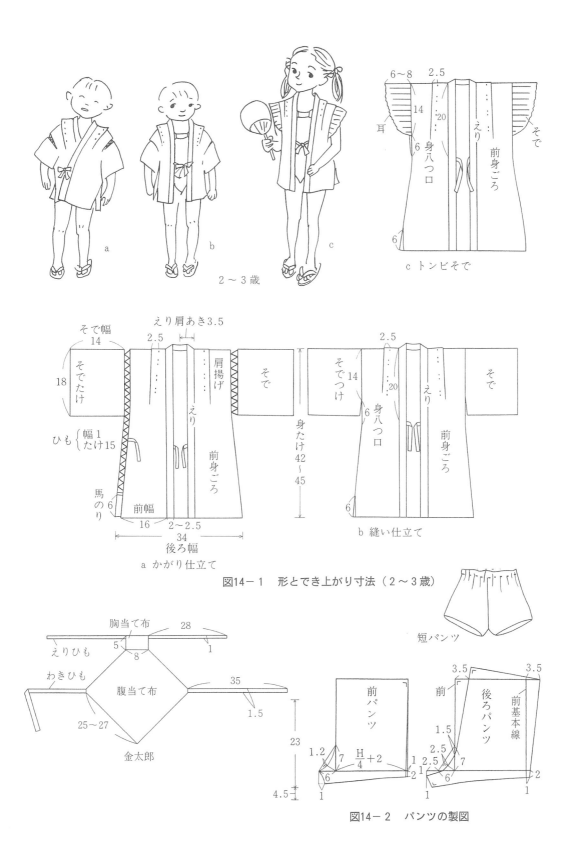

2〜3歳

c トンビそで

そで幅 14

えり肩あき3.5

2.5

そでたけ 18

肩揚げ

そで

えり

身八つ口

14

20

えり

前身ごろ

そで

ひも { 幅1 たけ15 }

馬のり

6

前幅 16

2〜2.5

34

後ろ幅

身たけ 42〜45

a かがり仕立て

2.5

そでつけ

14

20

身八つ口

6

えり

そで

前身ごろ

6

b 縫い仕立て

図14-1　形とでき上がり寸法（2〜3歳）

胸当て布

5

28

1

8

えりひも

わきひも

腹当て布

35

1.5

25〜27

23

金太郎

短パンツ

前パンツ

3.5

3.5

前

1.5

後ろパンツ

前基本線

1.2

7

$\frac{H}{4}+2$

1

2.5

2.5

7

1

6

1

2

6

1

2

4.5

図14-2　パンツの製図

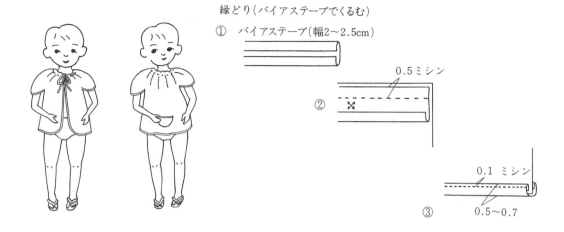

縁どり（バイアステープでくるむ）

① バイアステープ（幅2～2.5cm）

② 0.5ミシン

③ 0.1 ミシン
0.5～0.7

ひも　幅1cm
長さ1m

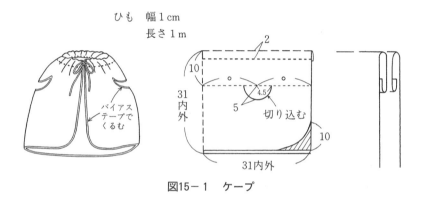

図15－1　ケープ

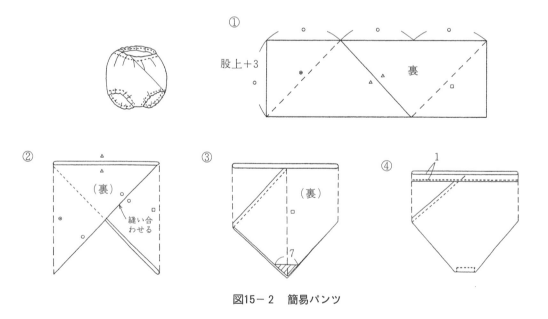

図15－2　簡易パンツ

3 裁ち方

4〜7歳用（図16）、2〜3歳用（図17－1・17－2）を参照。

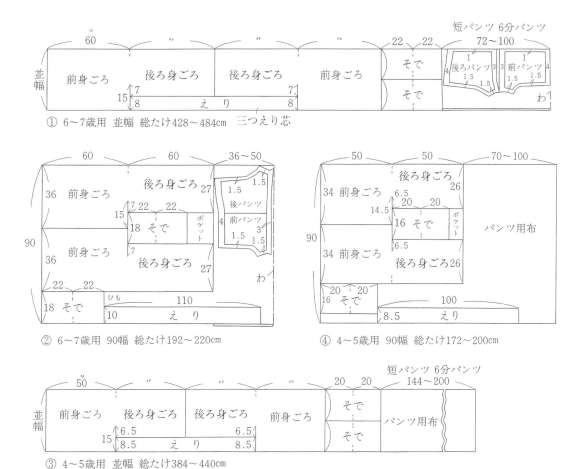

① 6〜7歳用　並幅　総たけ428〜484cm　三つえり芯

② 6〜7歳用　90幅　総たけ192〜220cm

④ 4〜5歳用　90幅　総たけ172〜200cm

③ 4〜5歳用　並幅　総たけ384〜440cm

図16　裁ち方（4〜7歳）

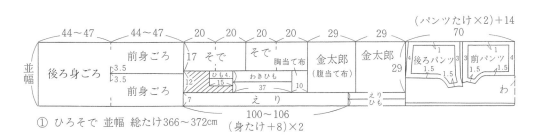

① ひろそで　並幅　総たけ366〜372cm

図17－1　裁ち方（2〜3歳）

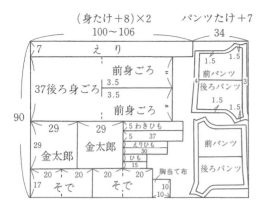

② ひろそで 90cm幅 総たけ134〜140cm

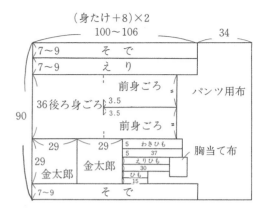

④ トンビそで 90cm幅 総たけ134〜140cm

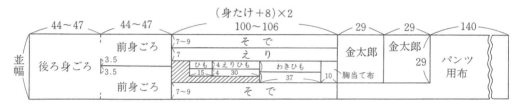

③ トンビそで 並幅 総たけ 386〜398cm

図17-2　裁ち方（2〜3歳）

4　しるしつけ

4〜7歳用（図18−1・18−2）、2〜3歳（図19）を参照。

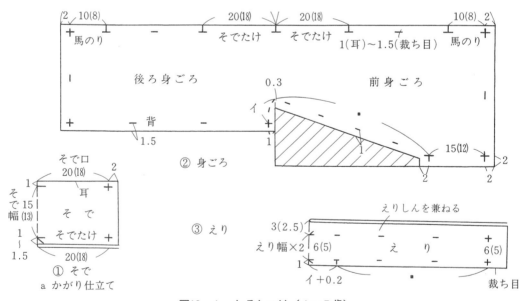

図18-1　しるしつけ（4〜7歳）

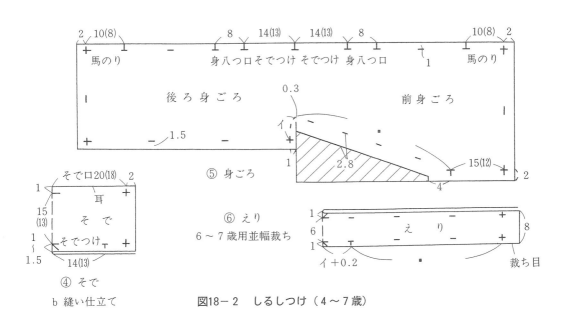

② そで口 20(18)

そで口

耳

そで

そでつけ

④ そで

b 縫い仕立て

⑤ 身ごろ

0.3

イ

2.8

1.5

馬のり

後ろ身ごろ

身八つ口 そでつけ そでつけ 身八つ口

馬のり

前身ごろ

15(12)

⑥ えり

6～7歳用並幅裁ち

え り

イ＋0.2

裁ち目

図18－2　しるしつけ（4～7歳）

① そで

18

耳

そで口

そ で

そでたけ

1.5

①、②はかがり仕立て

⑤ そで

18

耳

そで口

そで

そでつけ

1.5

14

⑤、⑥は縫い仕立て

② 後ろ身ごろ

18

そでたけ

後ろ身ごろ

身たけ

馬のり

耳 裁ち目

1～1.5

輪

3.5

⑥ 後ろ身ごろ

14

そでつけ

身八つ口

馬のり

後ろ身ごろ

輪

3.5

③ 前身ごろ

前身ごろ

0.3

1

20

1

④ えり

え り

5.1

1

4

20

1

裁ち目

⑦ トンビそで

（タックまたはギャザーを寄せてしるす）

7～9

そで山

3

15

3

耳

14

耳

図19　しるしつけ（2～3歳）

5 縫い方

[1] じんべえの縫い方 (図20・21)

(1) 4〜7歳用

  ⓐかがり仕立て

  ⓑ縫い仕立て

(2) 2〜3歳用

  ⓐかがり仕立て

  ⓑ縫い仕立て

  ⓒトンビそで

[2] パンツの縫い方 (図22)

  ⓐ短パンツ

  ⓑ六分たけパンツ

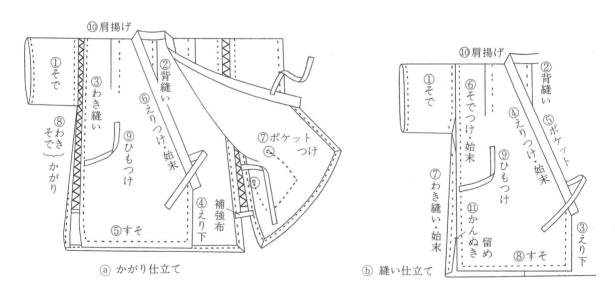

図20 じんべえの縫い方 (4〜7歳)

166

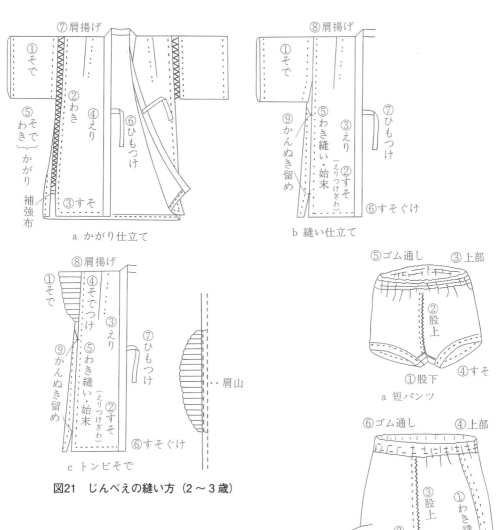

⑦肩揚げ

①そで

②わき

④えり

⑥ひもつけ

⑤わき（そで）かがり

③すそ

補強布

a　かがり仕立て

⑧肩揚げ

①そで

⑨かんぬき留め

⑤わき縫い・始末

③えり

②すそ（えりつけぎわ）

⑦ひもつけ

⑥すそぐけ

b　縫い仕立て

⑧肩揚げ

①そで

④そでつけ

⑨かんぬき留め

⑤わき縫い・始末

③えり

②すそ（えりつけぎわ）

⑦ひもつけ

⑥すそぐけ

肩山

c　トンビそで

図21　じんべえの縫い方（2～3歳）

⑤ゴム通し　③上部

②股上

①股下

④すそ

a　短パンツ

⑥ゴム通し　④上部

③股上

②股下

①わき縫い

⑤すそ

b　六分パンツ

図22　パンツの縫い方

［3］金太郎（子供用腹掛け）の縫い方（図23）

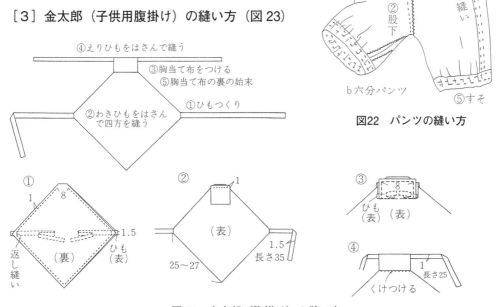

④えりひもをはさんで縫う

③胸当て布をつける

⑤胸当て布の裏の始末

①ひもつくり

②わきひもをはさんで四方を縫う

①

1

8

1.5

返し縫い

（裏）

ひも（表）

②

1

（表）

25～27

1.5

長さ35

③

8

ひも（表）　（表）

④

1

長さ25

くけつける

図23　金太郎（腹掛け）の縫い方

着　装

表1　着つけの基礎事項

No.	種類	着つけの順序	ゆかた	街着
1	す　そ　よ　け キュプラ・トリコット 交　織　綸　子 巻きつけ式がよい	すそはくるぶしの上端、または足袋の上端に決める。きっちり巻いたあと、ひざを開いて動きやすくする	スリップ着程度でよい	キュプラスカート式も可
2	は　だ　じ　ゅ　ば　ん ガーゼ・晒（さらし） え　り　幅　1.5〜2 半そで・馬のりつき	えり元を広く開け、外からえりが見えないよう、えり以外はきっちりと着つける。	普通は着ない。着る場合は見えないように注意。スリップ可	夏にはレースつきもよい
3	足　　　　　　　袋 キャラコ・ブロード 絹・化繊・普通 4枚こはぜ・5枚も可	足首分を折り返してはきやすくしておく。 新品は水に通してのりを落とし、アイロンをかける。少し小さめのものを時間をかけてしわのないようにはく。	素　　　足	
4	補　　　　　　　正 タオル・手ぬぐい 補　正　用　パット 脱脂綿とガーゼ	●胴にタオルを巻く タオルの幅2つ折 テープなどのひも　三角に折り留める ●前肩くぼみ・胸・背・腰にパット・タオル 締 タオル タオル2つ折り　ヒップパット・タオル	な　　　し	胴に巻く程度
5	長　じ　ゅ　ば　ん 半　じ　ゅ　ば　ん 綸子・縮緬（ちりめん） 化　　　　　　繊 半えりかけ・えり芯 その他を入れて形を整える 腰ひも・伊達締め	●えりの抜き方は、こぶし一つが基本。基本5cmぐらい抜くと背筋がまっすぐになる。 ●えり元は、首のくぼみ（頸窩点）で打ち合わせる。 ●たけは長着たけより3cm短かく決め、すそすぼまりに着つけ、腰ひも、伊達締めを締め結び目を作らず、1〜2回からげてひねり、左右に流してはさむ。 こぶし　背でまっすぐ（頸窩点）	な　　　し	
6	長　　　　　　　着 腰ひも　　　　2本 またはコーリンベルト・伊達締め 〔付属品〕 帯板 帯枕 帯揚げ 帯締め 輪ゴム 仮りひも	①きものを肩にはおって手を通し、背中心に背縫いを合わせる。 ②左右のえり先を前中央で合わせ、後ろすそたけを決める。 ③上前えり下の①を決めて、下前を巻き込む。 ④上前を巻きつけ腰ひも・ベルトを締める。 ⑤おはしょりを整える。その際かけえり先を左右合わせて背縫いの位置を正す。 ⑥胸元を合わせて伊達締めを締める。衣紋を整え、身八つ口・身幅の処理をする。 あわせの場合、えりは後ろ中心で半えりから1cm出し、首側でそろえ、前は1cmほど出して整える。	②床上がり1cm ③　5cm ④　4cm	床すれすれ 5cm 4cm

① ゆかたを肩にはおり、手を通して両手でそで口を持ち、背中心に背縫いを合わせる。
　左右のえり先を前中央で合わせ、右手で持つ。左手で背縫いをつまみ、たけを調節しながら後ろすそたけを決める。

② 着る人の体格に身幅が合っていない場合は、上前えり下を腰骨位置に合わせて上前腰幅を決める。このとき、背縫いが左右に多少ずれることもある。

③ ②で決めた上前腰幅をずらさないように開きながら、下前身ごろのつま先を巻き込む。下前の幅が広い場合は、外側に斜めに折り返す。

④ 上前身ごろに斜めじわを出さないよう、つま先を引き上げて巻き付ける。腰ひも（ベルト）を腰骨の上部に締める。ひもは2度からげて交差させて締め、しっかりはさみ込む。

⑤ おはしょりを整えるが、かけえり先を左右合わせて背縫いを背中心に正す。次に身八つ口から手を入れ、下前のおはしょりを斜めに折り上げる。

⑥ 上前おはしょりの折り山を1枚にして、前後にしごき、前はやや右上がりの舟底形に整える。

図1−1　ゆかたの着つけ

⑦　胸元を合わせて伊達締めを締める。身幅のゆるみは前後ともわきに寄せる。後ろは八の字にタックを取ってもよい。身八つ口は、後ろ・前の順に重ねる。または、2枚一緒に後ろに折る。

⑧　きものの着つけ上がり
　後ろえりは涼しそうな感じに着つければよいが、衣紋は普通5cmぐらい抜くと背筋がまっすぐになり、形がよい。

小幅帯の扱い　文庫結び

①　手の幅を二つ折りにして、右わきから60cm残す。

②　手を上にして2巻きし、たれを上にして結ぶ。

③　たれを胸幅寸法（約30cm）に折りたたみ、たれの中央でひだを寄せて絞る。

④　手先を結び目にして、下から上に1回巻く。

巻く　　びょうぶだたみ

図1－2　ゆかたの着つけ

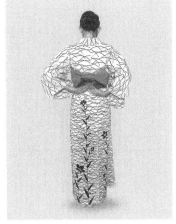

⑤　巻き残りの手を再び結び目の上から帯の内側に入れて、下に引き抜く。

⑥　余った手先を巻いて、帯の内側に折り込む。

⑦　結び上がり　　着つけ上がり

図1－3　ゆかたの着つけ

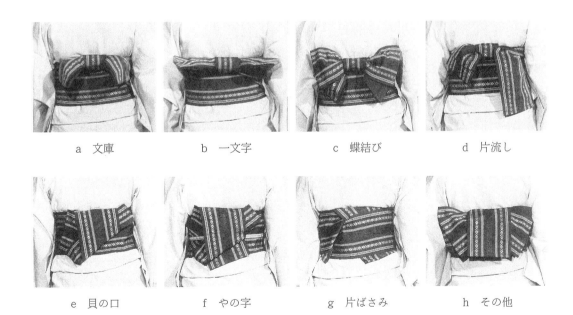

a　文庫　　　　b　一文字　　　　c　蝶結び　　　　d　片流し

e　貝の口　　　f　やの字　　　　g　片ばさみ　　　h　その他

図2　文庫の変化結び

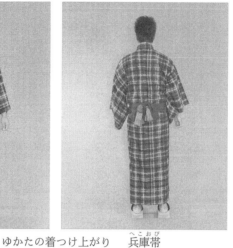

a 両輪結び

b 片輪結び

ゆかたの着つけ上がり　兵庫帯(へこおび)

ゆかたの着つけ上がり　角帯(かくおび)

③ たれを上に結び上げる。

① 角帯
　b 片ばさみ
　手先25cm

① 角帯　a 貝の口
　　　　手先30cm

④ たれを手の方に折る。

② 片ばさみ結び上がり

② たれは45cm ほどで折り込む。

⑤ 貝の口結び上がり

図3　男物の日常着の着つけ

きもの用語

合着（あいぎ） ― 初夏・初秋に着るきもの。

間着（あいぎ） ― 打ち掛けの下に重ねて着る長着。掛下とも言う。

合褄幅（あいづまはば） ― えり先の位置のおくみの幅。

揚げ（あげ） ― たけ・幅の余分をつまんで縫うこと。内揚げは裏側へ縫い込み、外揚げは表側へつまみ縫う。

後染め（あとぞめ） ― 白生地に織り上げた布に後から染めを施すこと。染めのきもの。

洗い張り（あらいはり） ― 和服の洗濯方法。縫い目をほどいて布に戻し、洗って張り上げる。仕上げ方法には、板張り・伸子張り・湯のしなどがある。洗い張りする専門家を悉皆屋と呼ぶ。

袷（あわせ） ― 裏を付けて縫い合わせたきもの。

衣桁（いこう）・衣紋かけ（えもんかけ） ― きものなどを掛けておく鳥居の形に似た家具。または、肩幅ほどの短い棒の中央にひもを付けて衣類をつるしておくもの。

居敷当て（いしきあて） ― ひとえ仕立ての長着の臀部の部分に裏側から付ける補強と型くずれ防止用の布。

色無地（いろむじ） ― 黒以外の色で一色に染めた長着。紋付は略礼服にもなる。

後ろ袖（うしろそで） ― そでの背面。外そでのこと。

打ち掛け（うちかけ） ― 長着の上にはおり着るすそ長のきもの。主に婚礼用衣裳。

産着（うぶぎ） ― 新生児に着せるきもの。

馬乗り（うまのり） ― 肌じゅばん・じんべえなどのすその脇あき。袴の股上。

裏衿（裏襟　うらえり） ― えりの裏側に付ける布。

上絵（うわえ） ― 紋付の紋を描くこと。描く人を上絵師と言う。

上前（うわまえ） ― きものの左前身ごろ・おくみ・えりの部分を言う。

絵羽（えば） ― きものの模様づけの一種。きものの縫い目にわたっている絵模様。絵羽模様を略して絵羽と言う。

衣紋（えもん） ― 従来は、きものの着つけのことを指す。また、重ね着の後ろえりをそろえること、後ろえりを抜くことなどに使われる。

奥裏（おくうら） ― あわせ長着の胴裏とそで裏。

衽下がり（おくみさがり） ― 前身ごろの肩山からおくみのつけ止まりまでのこと。

お端折り（おはしょり） ― 女物長着を着たけに着るため、身たけの長い分を腰の位置でたくし上げること。

掛け衿（かけえり） ― 長着・丹前・はんてんなどにおいて、えりの上に重ねてかけるえり。えりと同布の場合は、共えりとも言う。

掛け接ぎ（かけはぎ）―　布の接ぎ方。布端や折り山をつき合わせて、表から目立たないように接ぐこと。

籠付け中形（かごつけちゅうがた）―　明治末期に考案された中形染めの一つ。型紙の代わりに同じ文様を彫刻した円筒形の真鍮製ロールを用いて、糊置き後、藍色に染める。小紋や男物のゆかたなど細かい柄の染め付けに適する。浜松が主な産地。

肩当て（かたあて）―　ひとえ物のえり肩部分に補強や汗取りのために付ける布のこと。晒木綿や表地の残り布などを用いる。

帷子（かたびら）―　麻布（上布）・葛布のひとえを言うが、古くは冬のあわせを、夏に表裏を離してひとえとして着ていたので、片方という意味で帷子と言った。

家紋（かもん）―　家を表す紋のことで、定紋ともいう。男女礼服用の長着・羽織に付ける紋は、背・後ろそで・胸、三つ紋は背・後ろそで、一つ紋は背だけに付ける。

着尺（きじゃく）―　長着1枚分の和服地。並幅、約12m。

被せ（きせ）―　仕立て上がり線を美しく整えるために、縫い目より深く折ること。きせをかけると言う。

着流し（きながし）―　男子のきものに帯の姿。羽織や袴を着けない略装。

ぐし縫い（ぐしぬい）―　普通の縫い方。並み縫い。串刺しのようになることから言う。

鯨尺（くじらじゃく）―　尺貫法による和裁用の単位。1尺は約38cm、1寸は約3.8cm。

繰り越し（くりこし）―　えり肩あきを肩山から後ろ身ごろ側にずらして開けること。このずらし分を言う。

毛抜き合わせ（けぬきあわせ）―　縫い合わせた布の折り山（きせ山）を表裏そろえること。

剣先（けんさき）―　おくみの上部つけ止まりで剣の先のような形になっている部分。

元禄袖（げんろくそで）―　そでたけが短く、丸みの大きいそで。江戸時代の小袖のそでの形をまねての名称。

小衿（こえり）―　コート・被布などのえり。

石持（こくもち）―　既製の紋付地の紋部分が、白く丸く染め抜かれてあるもの。あとで紋を描き入れる（上絵）。

小袖（こそで）―　現在の長着。そで口下の縫いふさがれたそで形のきものを言う。江戸時代は主として絹の綿入れを指した。

小裁ち（こだち）―　一つ身裁ち、三つ身裁ちのこと。

衣更え・衣替え（ころもがえ）―　季節に合わせて、きものを替えること。しきたりとしては、6月1日に夏服、10月1日に冬服に替える。

先染め（さきぞめ）―　糸を染めてから布に織ること。織りのきもの。

下前（したまえ）―　きののの右前身ごろ・おくみ・えり部分を言う。

地直し（じなおし）―　布の安定性をよくするため、地詰め・布目直し・耳つれ直しなどの整理をすること。染めの場合は、染め上がりの手直しを言う。

甚兵衛（じんべえ）―　はんてん型の簡易防暑服。小型の広そでを付け、わきに馬乗りを付ける。主として、夏のくつろぎ着（ホームウェア）。

裾綴じ（すそとじ）―　あわせ・綿入れなどのふきの形がくずれないように綴じる。表裏に小針を出して綴じる。

裾回し（すそまわし）―　あわせ長着のすそ裏・そで口布・えり先布のこと。八掛とも言う。

背伏せ（せぶせ）―　ひとえ長着の背縫い代の始末の一方法。背縫い代を別布でくるむ。

背守り（せまもり）―　一つ身の背中心に付ける飾り縫い。お守りと装飾。背紋飾りとも言う。

抱き幅（だきはば）―　おくみ下がりの位置の身幅。

立褄（たてづま）―　えり下のこと。

反（たん）―　和服地の単位。1反は成人用きもの1枚分の和服地。並幅、約12m。

丹前（たんぜん）―　きものの部屋着・防寒長着。元来は広そで、綿入れで黒の掛けえりつきのもの。現在は、ウールのひとえが主流。

乳（ち）―　羽織のひもつけのループ。そのほか、のれん・旗などの竿を通すためのひものループも言う。

力布（ちからぬの）―　ひとえ仕立ての長着や羽織などのえり肩あきに、ほつれ止めや補強の目的で付けるハート形やくし形の小布。共布や目立たない色の布を用いる。

乳下がり（ちさがり）―　肩山から乳を付ける位置までを言う。

注染中形（ちゅうせんちゅうがた）―　中形染めの一つ。折り付け中形、折り付け注染中形、手ぬぐい中形、阪中とも言い、屏風だたみにしながら約1mの型紙を使って糊置きし、染料を注いで染色する方法。

中裁ち（ちゅうだち）―　四つ身裁ちのこと。大裁ち・小裁ちに対して言う。

対丈（ついたけ）―　着たけのこと。おはしょりなしで、すそまでのたけで着る。

付け下げ（つけさげ）―　模様がすべて上向きになるように配置されたきもの。反物のまま模様づけするのが特徴で、絵羽もある。略礼服。

付け詰め（つけづめ）―　そでたけ分、そでを身ごろに縫い付けること。

付け紐（つけひも）―　長着・長じゅばんなどの着装を簡便にするために付けるひも。

褄（つま）―　あわせ長着のすそぶきのこと。また、おくみのえり下の部分を手で引き上げて歩くことを「つまを取る」と言う。

褄先（つまさき）―　おくみのすその角。

胴裏（どううら）―　あわせ長着のすそ回しを除いた同の裏部分。奥裏とも言う。

通し裏（とおしうら）―　あわせ長着の裏が方からすそまで1枚の布で付いているもの。胴接ぎのあるすそ回しつきの裏に対する用語。

通しべら（とおしべら）―　しるしつけの一方法。へらじるしの間隔をあけず、一直線にしるす。

胴接ぎ（どうはぎ）　あわせ仕立てのとき、裏側で胴裏とすそ回し等を接ぎ合わせること。

留め袖（とめそで）　元来は、付け詰め・脇ふさぎのものを言うが、現在は既婚女性の礼服を指す。江戸褄の別称もある。

長板注染中形（ながいたちゅうせんちゅうがた）　江戸中形、長板中形とも言う。浴衣（ゆかた）染めの一つで、地色を染め、文様を抜いたものと、白地で藍文様を表したものがある。樅材（もみ）約6m36cmの長板に布を張り伸ばして防染の型づけを行うことから、この名称に。

中表（なかおもて）　2枚の布を合わせるとき、表と表を中側に合わせること。

人形（にんぎょう）　男物のそでのそでつけ下の縫いふさがれた部分。

羽裏（はうら）　あわせ羽織・コートの裏布を言う。羽織の裏の意。

羽尺（はじゃく）　羽織・半コート1枚分の和服地。並幅、約10m。

ばち衿（ばちえり）　女物のえりの形で、えり山からえり先にかけて幅が広くなっているもの。筍（たけのこ）えりとも言う。その形が三味線の撥（ばち）に似ていることからの名称。

八掛（はっかけ）　あわせ長着の裏のすそ回しのこと。そで口・えり先・身ごろ・おくみのすそに付けられる。

半衿（はんえり）　長じゅばん・半じゅばんなどのえりにかける防汚・装飾兼用のえり。

半天（はんてん）　はおり着る上着。羽織に似ているが、襠（まち）がなく、幅の狭いきものえりが特徴。

疋（ひき）　和服地の単位。2反分の和服地のこと。並幅、約20m。

左前（ひだりまえ）　きものの前の合わせ方で、左を先（前）に、右を上に重ねること。きものは右前合わせがしきたりとなっている。

単衣（ひとえ）　裏なしのきもの。江戸時代は絹のひとえ物を指した。

一つ身（ひとつみ）　新生児から2歳ぐらいまでの子供用のきもの。身ごろが並幅1幅で作られている。

被布（ひふ）　長着の上に重ねて着る上着。前はダブルの打ち合わせで、小えりが付き、胸元のひも飾りが特徴。3歳の祝い着にもそでなしの被布がみられる。

比翼（ひよく）　二枚重ねのきものを着ているように見える仕立て方。えり・そで口・振り・すそに、下着になる部分を作り付ける。

平ごて（ひらごて）　縫い目にこてをかけること。縫い目のしわを伸ばす。

袘・裉（ふき）　あわせのきもののそで口・すそで、裏布が表布よりふき出ている部分。

振り（ふり）　女物および子供物のきもののそでの部分名称。そでつけからそで下までのあきをいう。

振り袖（ふりそで）　元来はつけ詰めの留め袖に対して、振りのあるそでを指したが、現在はそでたけの長い未婚女性の晴れ着を言う。

本裁ち（ほんだち）　大裁ちとも言う。着尺地1反を使ったきものの裁ち方。または、本裁ちのきものを指す。

前下がり（まえさがり）— 羽織・半コートの前身ごろのすそを斜めに下げ、着たときにすそが前上がりにならないように仕立てること。

前袖（まえそで）— そでの前面。内そでのこと。

三つ衿（みつえり）— 背縫いのえりつけ部分を言う。えり肩あき部分のえりを指しており、この部分に入れる芯を三つえり芯と言う。

三つ身（みつみ）— 1歳から3歳ぐらいの子供用のきもの。身ごろが並幅3たけで作られている。

耳（みみ）— 織物の幅の両端で、緯糸（よこ）を織り返してある輪の部分。

身八つ口（みやつくち）— 女物・子供物のきものの身ごろの脇あき。

無垢（むく）— 表・裏（すそまわし）を共布で仕立てること。同色・同系統の柄使い。混じりものがないという意。

無双（むそう）— 表と裏を共布で仕立てたもの。染めで1枚の布の表と裏を染め分けてあるもの。羽織ひもで1本使いのものを言う。

捩り袖（もじりそで）— そで口下を斜めに折り上げた筒そで状のそで。巻きそで・むきみやそでとも言う。

紅絹（もみ）— 赤色系の平絹。主としてあわせ長着の奥裏に使われたが、近年は白平絹。

浴衣（ゆかた）— 古くは、入浴の際、麻のひとえを着用した。これがゆかたの始まりである。その後、木綿の衣が多くなり、入浴時のほか夏季用の衣となり、一般に用いられるようになった。

湯帷子（ゆかたびら）— 入浴のときに用いた麻のひとえのこと。今のゆかたの語源をなすもの。

裄（ゆき）— きものの背縫いから袖口までの長さで幅寸法を言う。

湯通し（ゆどおし）— 布を温湯または水に通して、製織中に付いた糊を取り除くとともに、布地に光沢と柔らかさを与えるための工程。糊抜きとも言う。

湯熨し（ゆのし）— 布地に蒸気を当てて、布地を柔らかくするとともに布地のしわや縮みを伸ばし、布幅を一定にそろえる工程。綿縮や縮緬、御召縮緬などは、必ず湯のしをする。

夜着（よぎ）— 広そでのきもの形の夜具。掛け布団で掻巻（かいまき）とも言う。

四つ留め（よつどめ）— きものの縫い方の一種。そで口・そでつけ・えり先など4枚の布の留め方。

四つ身（よつみ）— 3歳から10歳ぐらいの子供用のきもの。基本的には並幅、4たけで身ごろとおくみを作る。

割り接ぎ（わりはぎ）— 縫い方の一種。布をつなぎ合わせる方法で、合わせ縫いした縫い代を割る。

●参考文献

1 呑山委佐子・阿部栄子・金谷喜子・木野内清子『図でわかる 基礎きもの』おうふう 2008

2 木野内清子・金谷喜子・呑山委佐子・都築昌子『基礎きもの』白水社　1997

3 岩松マス『新しい寸法による図解式 和服裁縫 前編』雄鶏社　1977

4 大妻コタカ『和服講座』日本女子教育社　1976

5 服装文化協会編『服装大百科事典』文化出版局　1976

6 厚生労働省『乳幼児身体発育調査報告書』2000

7 文部科学省『学校保健統計調査報告書』2006

8 長崎巌監修・弓岡勝美編『明治・大正・昭和に見る　きもの文様図鑑』平凡社　2005

9 早坂優子著・視覚デザイン研究所編『日本・中国の文様事典』視覚デザイン研究所 2000

10 江馬務『江馬務著作集　第2巻 服装の歴史』中央公論社　1976

11 江馬務『江馬務著作集　第3巻 服飾の諸相』中央公論社　1976

12 遠藤武『遠藤武著作集　第1巻 服飾編』文化出版局　1985

13 新村出編『広辞苑　第六版』岩波書店　2008

●著者紹介

阿部　栄子（あべ えいこ）　　大妻女子大学教授
　　　　　　　　　　　　　　　大妻女子大学大学院家政学研究科被服学専攻終了　学術博士

呑山　委佐子（のみやま いさこ）　大妻女子大学名誉教授
　　　　　　　　　　　　　　　大妻女子大学家政学部家政学科卒

金谷　喜子（かなや よしこ）　大妻女子大学名誉教授
　　　　　　　　　　　　　　　大妻女子大学家政学部家政学科卒

木野内　清子（きのうち きよこ）　大妻女子大学名誉教授
　　　　　　　　　　　　　　　大妻女子専門学校被服科卒

初めてのきもの　ゆかたを縫う

2016 年 2 月 24 日　第 1 刷発行
2018 年 3 月 26 日　第 2 刷発行
2021 年 4 月 11 日　2 版第 1 刷発行

著　者　　阿部　栄子
　　　　　呑山　委佐子
　　　　　金谷　喜子
　　　　　木野内　清子
発行者　　池上　淳
発行所　　株式会社　青山社
　　　　　〒 252-0333　神奈川県相模原市南区東大沼 2-21-4
　　　　　TEL　042-765-6460　　　　　FAX　042-701-8611
　　　　　振替口座　00200-6-28265　　ISBN　978-4-88359-374-3
　　　　　URL　https://www.seizansha.co.jp　　E-mail　contactus_email@seizansha.co.jp
印刷・製本　株式会社 丸井工文社